U0337031

HZ BOOKS

华 章 图 书

一本打开的书，一扇开启的门，
通向科学殿堂的阶梯，托起一流人才的基石。

企业级业务架构设计

方法论与实践

付晓岩 著

ENTERPRISE BUSINESS ARCHITECTURE DESIGN

Methodology and Practice

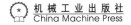
机械工业出版社
China Machine Press

图书在版编目（CIP）数据

企业级业务架构设计：方法论与实践/付晓岩著 . —北京：机械工业出版社，2019.7
（2022.4 重印）
（架构师书库）

ISBN 978-7-111-63280-1

I. 企… II. 付… III. 企业管理－计算机管理系统 IV. F272.7

中国版本图书馆 CIP 数据核字（2019）第 152529 号

企业级业务架构设计：方法论与实践

出版发行：机械工业出版社（北京市西城区百万庄大街 22 号 邮政编码：100037）
责任编辑：杨福川
责任校对：李秋荣
印 刷：北京联兴盛业印刷股份有限公司
版 次：2022 年 4 月第 1 版第 12 次印刷
开 本：147mm×210mm 1/32
印 张：6.625
书 号：ISBN 978-7-111-63280-1
定 价：79.00 元

客服电话：（010）88361066 88379833 68326294 投稿热线：（010）88379604
读者信箱：hzjsj@hzbook.com

谨以此书献给

我的妻子李穹和我的家人。

| 推荐语 |

（排名不分先后）

对业务架构的准确认识和有效实践，在当前云计算和数字化转型的浪潮中更显重要。本书破除了业务架构设计"水中月，镜中花"的迷思。阅读本书时可以非常强烈地感受到作者毫无保留地将多年一线架构经验和感悟倾囊相授。

书中既有对业务架构设计的清晰准确、通俗易懂的理论介绍，同时又提供了大量"接地气"的案例剖析。更难能可贵的是，作者在书中向读者提出了许多值得深思的议题，给读者充裕的思考空间，这对于希望在这一领域探索精进的读者将提供极大的帮助。

毫无疑问，本书是业务架构设计领域的佳作，对企业的管理人员、架构师、技术和业务人员都极具参考价值。

——陈耿　微软全球黑带技术专家，《开源容器云 OpenShift》
《深入浅出 Serverless》作者

架构设计之道在于针对业务场景给出优雅的解决方案，为企业降本增效。学习架构设计的过程是把静态的技术知识加以排列组合，形成动态架构设计思维能力的过程。本书除了系统性讲述业务架构设计知识外，还总结了基于大规模企业级项目研发的业务架构设计方法论。学习这些架构设计思维模型能够彻底掌握架构设计的哲学本质，为未来奠基。作者在架构设计方面造诣深厚，对技术细节的把握非常到位，特推荐之。

——孙玄 转转公司首席架构师／技术委员会主席，

前 58 集团技术委员会主席

二十多年前，我在 BNR 工作时发现了一个重要角色：系统工程师，也就是现在的业务架构师。面对企业级应用开发，业务架构师往往是不可或缺的。然而，业内对业务架构的论述很少，本书几乎填补了这一空白。

书中指出，业务架构是战略、流程、组织等业务元素的结构化表达。其是以实现企业战略为目标，降低系统复杂度，是构建企业整体结构化业务能力的分析方法，也是技术架构的灵魂。不同于需求分析或产品设计，业务架构的首要责任在于实现业务与技术的深度融合，打造能够让企业整体、尤其是业务与技术之间进行的有效沟通。

感谢作者，完善了我们对系统架构的视角和实现方式，感谢华章，让自己先睹为快！

——曹洪伟 百度 DuerOS 首席布道师

我的职业生涯，有整整十年是从事企业级应用的架构设计和开发，其中大部分时间是在银行业和航空制造工业这两个信息化程度最高同时也是业务最复杂的行业。我深刻体会到在大型企业的复杂业务体系中，能充分描绘企业现状及企业战略，并使其具象化的业务架构对企业信息化建设的巨大推动作用。

而做好业务架构又是十分不容易的事情，它要求业务架构人员能深刻洞察企业业务及战略，并能通过特定的方法对业务领域、业务流程、组织架构、数据等进行行之有效的建模和表征。本书是作者多年企业级业务架构的经验及心得总结，既有由浅入深的理论讲解，又有贴合实际的案例实践，相信不同层次的读者都会受益匪浅。

——李鑫　天弘基金（余额宝）移动平台技术总监兼首席架构师

市面上关于架构的书大部分都偏技术，但很多人忽视了技术永远是为业务服务的，所有的架构都是为了解决某种业务而诞生的。学习业务架构方法，才能真正学习到顶尖架构的精髓。希望读者通过阅读此书，可以初步领略到业务架构的魅力，并有所得。

——龚健　资深架构师，美云智数 PaaS 产品总监

架构到底是什么？每个人都会有一些自己的见解，但是很少有人能够说得透彻，尤其是当我们沉浸在某一个特定领域的时候，该使用什么样的方法和思路去进行领域拆解、概念抽象以及细节忽视？本书所讲的一些方法原理和落地实践经验，对指导架构设计有非常实用的参考价值，从企业战略分析到与 IT 架构的衔接，从业务模型的打造到架构的管理方法，让我有一种茅塞顿开的感觉。相信从事架构设计、产品设计，甚至是开发人员都能够从本书中得到启发，不管是宏观还是细节，都能够帮助我们提高"内功"，我很乐意向架构师或者志在成为架构师的读者们推荐这本书。

——王天庆　马蜂窝基础平台架构师

我最早知道付晓岩先生是看到他在 InfoQ 中文站上发表的连载文章，其中《中台之上》系列文章的第一篇就给我留下了深刻的印象，尤其是文

章标题可以说是一针见血，作者从一开始就非常重视业务架构，提出了不要让"业务的归业务、技术的归技术"，表达了业务架构是连接企业战略和技术实现之间的桥梁这一重要观点。

谈到业务架构，其实很多人都会感到既熟悉又陌生，业务架构和我们平时经常接触到的软件或者系统架构有着本质的不同。业务架构是战略、流程、组织等业务元素的结构化表达，是凌驾于技术架构之上的需求原动力，可以说业务架构是商业价值交付的灵魂，从这个层面上看，业务架构的重要性不言而喻。比较可惜的是目前市面上基本没有系统性讨论业务架构以及相关设计方法和实践的书籍，而付晓岩先生这本书的出现必将填补这一空缺，作者以金融行业的业务架构作为实例，从"行线"和"知线"两个维度系统讲解了企业级业务架构的方方面面，是企业管理者，业务以及技术人员深入了解该领域的最佳途径。

——茹炳晟　Dell EMC 中国研发集团资深架构师

终于有了一本我渴望阅读和学习的架构书籍！

坊间有关技术架构的书籍实在太多了。技术当然重要，但如果技术的实现不是为了支撑业务，那么我们该如何真正有效地满足客户需求去设计与开发企业级软件呢？我在推动领域驱动设计时，越来越认识到打破业务与技术人员壁垒的重要性，但很多 IT 企业的管理者仍然没有充分地认识到这一点。要打破这种壁垒，靠自下而上的革命是不够的，需要管理者从企业战略的角度认识到业务对于软件开发的重要性；同时，还需要提供一套可以实施和落地的方法论——即本书重点讲解的业务架构。付晓岩老师结合自己在金融业摸爬滚打多年的架构经验，提出了业务架构的"知行合一"观点，完美地穿起了业务架构从理论到实践并行不悖的实施过程，使得本书知识不空洞、不浮夸，将相对抽象的业务架构讲得深入浅出，让读者充分认识到了业务架构师的重要性，以及该如何正确地打造企业的业务架构的方法。可以说，本书很好地填补了国内架构书籍因为重技术轻业务而产生的知识空白。

——张逸　领域驱动设计布道师，

《领域驱动战略与战术设计实践》课程作者

业务架构和基础架构有很大不同，基础架构相对更容易抽象，从而更容易理解事物的本质。业务架构需要解决各种形态的业务问题，需要的是具备较强的业务背景和技术背景的复合人才，是实现企业数字化转型的关键之一。以我从事十多年软件研发的经历来看，我们在构建业务架构过程中，往往是摸着石头过河，缺乏理论性和系统性的支撑。本书正好弥补了这方面的空白，作者以"行线"和"知线"这两条并行的主线为指引，全面介绍了业务架构的设计、落地以及架构的持续改良和中台建设等内容，为广大有志于成为架构师的技术人员和业务人员指引了方向。

——郑然　百度主任研发架构师

国内很多企业在过去十到二十年间依赖人口红利实现了快速增长，随着人口红利的消退，传统企业都在谋求转型，期望实现效率提升、产品创新和模式创新。然而，转型的道路曲折而艰难，需要不断摸索，靠老板拍脑袋解决不了这些问题，必须以数字化为基础，通过打通 IT 系统实现组织协同，从而提高效率；通过构建业务中台，打造腰部力量，促进产品模式创新，通过构建数据中台实现科学决策。这一切都要以业务为核心，通过业务促进 IT 系统的建设。

本书作者根据自己多年的数字化转型经验，分享了业务架构设计的原理和落地方法，并由此阐述了如何通过业务架构推动技术架构的建设和中台体系的构建，是一本结合了理论、实践、热点的集大成作。

对于处于数字化转型各个阶段企业的 CIO、技术 VP、技术总监、架构师们，本书可以帮助他们在前期进行理论储备，起步期进行业务架构建设思路的建立，执行期提供实践案例参考，成熟期提供架构改良建议。在这里我强烈推荐本书，希望能够对传统企业数字化转型尽一份力。

——刘超　网易杭州研究院云计算技术部首席架构师

当前，越来越多的传统企业正处于数字化转型的浪潮之中，以期提升产品研发及服务效率，在激烈的市场竞争中获得发展。而数字化转型非常重要的一步就是"业务数字化"，完善企业信息化及数据化的建设。

激烈的竞争环境及多变的业务架构，对企业级业务系统的开发造成很大的挑战。如何适应业务的多变性，开发出满足需求、可靠健壮、易于扩展的企业级业务架构，是非常有挑战的一件事情。它需要既精通 IT 前沿技术，又精通业务架构的复合型架构师人才。付晓岩先生正是这方面的专家，本书既包含了业务架构设计的一般方法论，又有当前最新的架构方法，还结合了作者多年的实践经验，给大家完整地呈现了企业级业务架构的全景图。

——周健　招银云创金融基础云负责人

数字化转型是目前最热的话题，也是不同行业和领域企业转型的共同课题。企业转型相关的书籍不少，往往都集中在方法论的讨论上，较少分享企业转型的具体落地经验和实施改良方法。付老师这本书，把他在金融领域近二十年的经验和思考娓娓道来，从业务架构发展历程出发，以具体案例的形式，深入浅出地讨论了新业务架构的设计过程及难点，并着重探讨了落地实施的具体方案及相应的长效机制，逻辑清晰完整，案例引人思考，正如他自己所期望的，这本书可以让各类读者都能读得透读得懂。

——黄帅　AWS认证云架构师

"任何脱离业务的架构设计都是耍流氓"，这是我在"架构师之路"文章中提得最多的一句话。然而，我的大部分文章，不管是高可用、高并发、可扩展、微服务等，都是以写系统架构设计方法论为主的。如果想要了解业务架构方法论与实践，付老师的这本书是我阅读过的为数不多的既有体系化方法论，又有最佳实践的好书。

本书从设计起点，到设计过程、设计难点，再到落地实践、架构改良，系统且全面。同时又以银行业务为例，示范了一个典型业务系统的模型设计、标准化、组件设计与落地，让架构师更容易理解方法论如何落地。

——沈剑　到家集团技术中心负责人 & 快狗打车CTO

对于应用系统而言，技术架构和业务架构都必不可少，擅长技术架构的人很多，但是能做好业务架构的人却极少。本书从"知行合一"的角度讲解了企业级业务架构设计的方法论和工程实践，是作者近二十年金融行业工作经验的总结，希望能对大家有帮助。

——梁李印　滴滴大数据架构部高级专家工程师

为何写作本书

社会早已步入"信息时代"，以 A（人工智能）、B（区块链）、C（云计算）、D（大数据）等技术为代表的科技应用正逐渐改变社会与生活，而在数字化浪潮中，很多企业仍处在艰难的转型甚至是转型前的阶段。

企业是否一定要转型呢？有的人说，一些企业没转型，现在也运转得挺好。这个现象有点类似于人类社会，人类社会的发展是不均衡的，既有步入信息社会的发达地区，也有原始朴素、低生产水平的欠发达地区，那这些"欠发达"地区是否需要"转型"呢？这并非是一个要与不要的问题，如果这些地区想要保持原有状态，那么，减少与外界的接触可能是不得不采取的措施，因为接触会带来融合，融合会带来改变。

对于企业而言也是如此，企业无法脱离其生存环境，如果环境发生了改变，那么企业也不得不跟着改变，因为企业是不能靠与外界隔离来生存的。企业转型是必然的，无非是要考虑转型的时机等。在信息时代，转型的方向自然是信息化、数字化，实现业务与技术的深度融合，讨论这类内容的书籍并不少，但是，实践效果却难以让人满意，"众里寻他千百度"，依然不见"灯火阑珊处"。

　　企业级转型是一个很艰难的过程，它并非一个单纯的技术问题，因为转型涉及企业的方方面面，如果想走通这条路，尤其是对传统企业而言，充分认识自身、寻找适合自身的方法极为重要。笔者多年从事企业级业务架构设计与管控工作，有幸参与了一次历久弥新的企业转型工程，对业务架构在企业级项目和企业转型过程中发挥的作用深有体会，因此，笔者将对业务架构工作的感悟与自身的学习结合起来，超脱原有的工作实践和理论指导，面向可操作的一般方法论写作本书。

　　本书在写作过程中受个人经验局限，仍多以金融业务为讲解对象，但是其方法在读者自行学习后，可以引入到其他行业的实践中，而非局限于金融业，这一点在笔者运营的公众号（晓谈岩说）的读者交流中得到了证实。纵然如此，本书终归是一家之言的分享，期待能为各位读者带来些许思考和灵感，以共同促进业务架构、企业转型方面理论与实践的发展。

本书的主要特色

　　本书希望能够成为一本让各类读者都可以读得懂的架构书，因此，书中没有让人拿捏不准的概念。殊少概念可能会因为追求易懂的效果而让部分读者觉得有失严谨，但是，"易懂"也是架构设计应当追求的目标之一。与概念较少相对应，本书的"感受"成分稍多，因为笔者相信融入"感受"比单纯写方法更容易引起读者的共鸣与思考。

本书的主要内容

　　完整的企业级业务架构实践应当包含两条并行展开的主线，一条为"行线"，一条为"知线"，如图1所示。

　　"行线"是读者在日常工作中通常会比较关注的，其覆盖了企业级业务架构设计、实现及后期管理的完整过程；而"知线"则常常容易被忽视，尤其是在架构师或其团队之外。架构师有责任和义务持续改进、宣传架构设计方法，推动架构理念在企业以及社会范围内的磨砺、传播，实现架构工作的"知行合一"。出于这种认知，本书在内容方面设计了 5 个部分，其中，基础篇、设计篇、落地篇介绍了"行线"；改良篇、业务架构与中台篇探讨了"知线"，具体内容如下。

图 1　业务架构的"知行合一"

业务架构基础篇（第 1 ～ 3 章）分别介绍了业务架构的发展历程、作用、与 IT 架构的关系及业务模型的相关知识。

业务架构设计篇（第 4 ～ 7 章）分别介绍了战略分析、对标分析、组织结构的影响、业务架构设计方法、标准化方法，并以一个虚拟案例综合演示了业务架构的设计过程。

业务架构落地篇（第 8 ～ 13 章）分别介绍了业务架构方案制作、基于业务架构的实施、项目完成后的管理机制，并比较了与敏捷开发的异同，集中讨论了企业级项目的实施难度，最后，以一个设计实例展示了业务架构设计对提升企业开发效率的作用。

上述三部分完整介绍了业务架构设计的一般实现方法，并将企业级项目需要注意的问题及痛点融合在论述过程中，以供需要开展相关工作的读者参考。

架构方法改良篇（第 14 ～ 16 章）介绍了如何进行面向构件化的业务
架构设计、如何构建轻量级架构设计工具、如何基于构件模型提升传统企
业产品创新效率，该部分属于对前文方法的改良设想，需要读者对此多加
思索，切勿生搬硬套。

业务架构与中台篇（第 17 章）是对业务架构设计方法与当前热点——
"中台"模式的一个比对。"传统"方法并不一定会因新技术、新概念的发
展而黯然失色，对方法论的深入探索和积极思考往往会让"传统"焕发新
的"生命力"，深度思考比追逐热点更重要。

附录部分收录了笔者做业务架构设计期间撰写的两篇读后感，希望对
读者了解业务架构设计的作用、扩展设计思路有一定的帮助。

如何阅读本书

本书适用于如下几类读者群体。

- **企业管理者**

管理者决定着企业的发展方向，以下内容都适合其阅读：本书第一
部分中对业务架构发展历程和业务架构作用的探讨；第二部分中对企业战
略的分析，对标问题的分析和组织问题的阐述；第三部分中对企业级项目
实施、实施后管理和企业级难点的集中论述。实施问题虽然涉及项目中一
些琐碎的工作，但是这些琐碎工作对项目的成败却有较大的影响，需要管
理者在推动转型之前就有充分的认知。目前，很多企业在转型方面遭遇困
难，这些企业并非不善于设计"战略"，也并非不精通"业务"，而是不熟

悉"架构"，不清楚如何将战略通过架构落实到业务和技术实现中，企业需要具备"架构"能力，而这种能力应该由管理者带头，从业务架构能力开始，自上而下地建立起来。

- **实施管理者**

实施管理者通常为项目总监、各级项目经理、业务经理、技术经理等在项目实施过程中担任具体管理工作的人员。本书的前三部分对企业级业务架构设计及落地的阐述有助于实施管理者将本书的方法论引入其企业级项目工作中。第五部分的对比分析，也有助于各位实施管理者认真思考，寻找适合自身的方法论。第四部分则需要各位深入思考其方法与自身行业的适配性。

- **技术人员**

在实现业务与技术的融合方面，技术人员自然是需要向业务侧多迈出一步。相信很多技术人员对自己到底是在实现"业务人员"的要求，还是在实现"业务"的要求产生过困惑。本书前三部分论述的方法有助于技术人员掌握一种可以与业务人员更好地进行沟通的方式，也能够在项目中，尤其是在企业级项目中，从"业务人员"的众多要求中抽离出"业务"的要求。后两部分则有助于促进技术人员对方法论的深入思考。

- **业务人员**

在实现业务与技术融合方面，业务人员可能会更"痛苦"一些。一般业务人员在进行技术知识方面的学习时往往会更关注垂直领域，比如 AI、区块链、大数据等，属于以应用为导向，但是很多人却忽略了对软件构建过程的关注，正是这种忽略导致了在开发中出现大量"冲突"。本书作为业务架构设计方法论，技术门槛相对较低，有助于业务人员了解如何结构化自己的思维。通过对本书，尤其是前三部分的阅读，辅之对其他软件工程经典著作的一般了解，业务人员足以对软件的设计与实现有一个清晰的理解，使业务人员与软件的交互度更高。

- **希望成为业务架构师的读者**

业务架构师并非一定要技术出身，但是技术实力雄厚的人显然具有基础知识方面的优势。业务出身的业务架构师需要克服更多的技术障碍，本书虽然不能帮助你学习更多垂直领域的技术知识，但却有可能是你成为业务架构师必读的一本书。

资源和勘误

由于笔者的水平有限，书中难免存在一些不准确的描述，恳请读者批评指正。如果读者有更多宝贵的意见，欢迎通过邮箱 yfc@hz.com 联系笔者，期待读者们的真挚反馈，以在探索业务架构的道路上互勉共进。本书部分资源可在笔者的微信公众号（晓谈岩说）上获得。

致谢

非常感谢 InfoQ 中文站的编辑杜小芳女士，是她的积极支持促成了本书前身《中台之上》系列文章的连载，也感谢 InfoQ 中文站的郭蕾老师和 Linda 老师对笔者的长期支持。

第一部分

业务架构基础篇

　　业务架构并非软件工程中新诞生的领域，但是提及的人却很少。这个偶尔走进读者视线的词汇，经常带着一种"花非花、雾非雾"的"朦胧感"，很多人对业务架构究竟在软件设计中发挥了什么作用、有什么好处，以及业务架构和应用架构的关系、业务架构师和产品经理的区别等基本问题说不清、道不明。《软件工程》《软件系统架构》《系统分析与设计》等大家耳熟能详的经典教材也很少提及业务架构这个概念，更不用说企业级业务架构了，目前市面上也几乎没有专门论述业务架构及其设计方法的书籍。本书作为一本企业级业务架构专述，将从业务架构的发展历程、基本理念讲起，让读者对业务架构有一个基本的了解。

| 第1章 |

业务架构的发展历程

与软件的发展历史相比，业务架构的发展历程其实并不算短，而且也具有几个颇具影响力的架构设计理论。

1.1 Zachman 模型

业务架构这个词最初是隐藏在企业架构（Enterprise Architecture，EA）中的。企业架构是 20 世纪 80 年代的产物，其标志就是 1987 年 Zachman 提出的企业架构模型，该模型按照"5W1H"，即 What（数据）、Where（网络）、Who（角色）、When（时间）、Why（动机）、How（功能）6 个维度，结合目标范围、业务模型、信息系统模型、技术模型、详细展现、功能系统这 6 个层次，将企业架构分成 36 个组成部分，描述了一个完整的企业架构需要考虑的内容，如表 1-1 所示。

表 1-1　Zachman 模型简介

	数据（什么？）	功能（怎样？）	网络（哪里？）	角色（谁？）	时间（何时？）	动机（为何？）
目标范围	列出对业务至关重要的元素	列出业务执行的流程	列出与业务运营有关的地域分布要求	列出对业务重要的组织部门	列出对业务重要的事件及时间周期	列出企业目标、战略
业务模型	实体关系图（包括 M:M 关系、N-ary 关系、归因关系）	业务流程模型（物理数据流程图）	物流网络（节点和链接）	基于角色的组织层次图，包括相关技能规定、安全保障问题	业务主进度表	业务计划
信息系统模型	数据模型（聚合体，完全规格化）	关键数据流程图、应用架构	分布系统架构	人机界面架构（角色、数据、人口）	相依关系图、数据实体生命历程（流程结构）	业务标准模型
技术模型	数据架构（数据库中的表格列表及属性）遗产数据模型图	系统设计：结构图、伪代码	系统架构（硬件、软件类型）	用户界面（系统如何工作）、安全设计	"整制流"图（控制结构）	业务标准设计
详细展现	数据设计（反向规格化）（物理存储器设计）	详细程序设计	网络架构	屏显、安全机制（不同种类数据资源的开放设定）	时间、周期定义	程序逻辑的角色说明
功能系统	转化后的数据	可执行程序	通信设备	受训的人员	企业业务	强制标准

Zachman 模型虽然没有明确提出业务架构这个概念，但是已经包含了业务架构关注的一些主要内容：如流程模型、数据、角色组织等，既然没有提出业务架构的概念，自然也就没有包含构建方法，所以，Zachman 模型应该算是业务架构的启蒙，同时，它也表明了这一工具或技术的最佳使用场景——面向复杂系统构建企业架构。

1.2　TOGAF

1995 年，大名鼎鼎的 TOGAF 登场了，这个在企业架构市场中占据了半壁江山的架构模型明确提出了业务架构的概念。TOGAF 将企业定义为有着共同目标集合的组织的聚集。

例如，企业可能是政府部门、一个完整的公司、公司部门、单个处/科室，或者是通过共同拥有权连接在一起的地理上疏远的组织链。TOGAF 进一步定义企业架构分为两大部分：业务架构和 IT 架构，大部分企业架构方法都是从 IT 架构发展而来的。业务架构是将企业的业务战略转化为日常运作的渠道，业务战略决定业务架构，其包括业务的运营模式、流程体系、组织结构、地域分布等内容。

TOGAF 强调基于业务导向和驱动的架构来理解、分析、设计、构建、集成、扩展、运行和管理信息系统，复杂系统集成的关键，是基于架构（或体系）的集成，而不是基于部件（或组件）的集成。TOGAF 还提供了一个详细的架构工件模型，如表 1-2 所示。

从表 1-2 中可以明确看到业务架构阶段的交付物，这些内容也清楚地说明了业务架构在软件工程中的位置。相信很多对架构有兴趣的读者都认真学习过 TOGAF 模型，此处不再赘述。

表1-2 TOGAF9 交付物：目录、矩阵、图

预备阶段 原则目录	阶段 B. 业务架构 组织 / 施动者目录		
阶段 A. 架构愿景 利益关系者映射矩阵 价值链图 解决方案概念图	驱动力 / 目标 / 目的目录 角色目录 业务服务 / 功能目录 位置目录 流程 / 事件 / 控制 / 产品目录 契约 / 测度目录 业务互动矩阵 施动者 / 角色矩阵 业务轨迹图 业务服务 / 信息图 功能的分解图 产品生命周期图 目标 / 目的 / 服务图 用例图 组织分解图 流程图 事件图	阶段 C. 数据架构 数据实体 / 数据构件目录 数据实体 / 业务功能矩阵 系统 / 数据矩阵 类图 数据发布图 数据安全图 类阶层图 数据迁移图 数据生命周期图	阶段 C. 应用架构 应用组合目录 接口目录 系统 / 组织矩阵 角色 / 系统矩阵 系统 / 功能矩阵 应用互动矩阵 应用通信图 应用和用户位置图 系统用例图 企业可管理性图 流程 / 系统实现图 软件工程图 应用工程图 应用迁移图 软件分布图
阶段 D. 技术架构 技术标准目录 技术组合目录 系统 / 技术矩阵 环境和位置图 平台分解图 处理图 网络计算 / 硬件图 通信工程图		阶段 E. 机会及解决方案 项目背景图 效益图	需求管理 需求目录

1.3 FEA 和 DODAF

在 TOGAF 之后，又先后诞生了 FEA（联邦企业架构）和 DODAF

（美国国防部体系架构框架）。前者的体系由 5 个参考模型组成：绩效参考模型（PRM）、业务参考模型（BRM）、服务构件参考模型（FRM）、数据参考模型（DRM）和技术参考模型（TRM），该方法应用于美国电子政务领域，着眼于跨部门、跨机构提升业务效率，解决重复建设、信息孤岛等问题，相当具有"企业级"理念；虽然没有明确的业务架构定义，但是很好地应用了业务架构的思维。后者体系比较复杂，共有 8 个视点 52 个模型，但是实用性不错，据说美国国防部和一些相关企业都在使用，详细内容如表 1-3 所示。

表 1-3 中的能力视点和作战视点就是我们做企业架构时通常关注的业务部分。这两个模型在网上都有相关资料，感兴趣的读者可以自行查阅。

1.4　沉吟至今

通过寻根溯源我们可以发现，即便是从 TOGAF 算起，业务架构这个词也有 20 多年的历史了，但是在开发人员中，业务架构显然没有需求分析的概念明确，业务架构师也远不如产品经理常见。笔者曾就职的单位曾经实施了一个长达数年的、以企业级业务架构驱动的转型项目，但是很多企业并没有这样的经历，因此，每当与技术人员讨论至此，他们就会觉得业务架构有点儿虚，细究可能有如下几点原因。

1. 用得少

原有的单体式或竖井式开发依然是企业更常采用的项目构建方法，而这种开发基本上没有横向视角，所以无需强调业务架构，通常的产品分析或者需求分析即足以满足其开发需要。

表1-3　DODAF的核心—8个视点与52个模型

能力视点	作战视点	系统视点	服务视点
CV-1 构想模型	OV-1 顶层作战概念图	SV-1 系统接口表述模型	SveV-1 服务接口表述模型
CV-2 能力分类模型	OV-2 作战资源流表述模型	SV-2 系统资源流表述模型	SveV-2 服务资源流表述模型
CV-3 能力实现时段模型	OV-3 作战资源流矩阵	SV-3 系统资源流矩阵	SveV-3a 服务—系统矩阵
CV-4 能力依赖关系模型			SveV-3b 服务—服务矩阵
CV-5 能力与机构发展映射模型	OV-4 组织关系图	SV-4 系统功能模型	SveV-4 服务功能模型
CV-6 能力与作战活动映射模型	OV-5a 作战活动分解树	SV-5a 系统功能与作战活动跟踪矩阵	SveV-5 服务与作战活动跟踪矩阵
CV-7 能力与服务映射模型	OV-5b 作战活动跟踪模型	SV-5b 系统与作战活动跟踪矩阵	
		SV-6 系统资源流矩阵	SveV-6 服务资源流矩阵
		SV-7 系统度量矩阵	SveV-7 服务度量矩阵
		SV-8 系统演变表述模型	SveV-8 服务演变表述模型
		SV-9 系统技术和技能预测	SveV-9 服务技术和技能预测
	OV-6a 作战规则模型	SV-10a 系统规则模型	SveV-10a 服务规则模型
	OV-6b 作战状态转换模型	SV-10b 系统状态转换模型	SveV-10b 服务状态转换模型
	OV-6c 作战事件跟踪模型	SV-10c 系统事件跟踪模型	SveV-c 服务事件跟踪模型

全景视点	标准视点	项目视点	数据视点
AV-1 综述和概要信息模型	StdV-1 标准概要模型	PV-1 项目与机构关系模型	DIV-1 概念数据模型
AV-2 综合词典	StdV-2 标准预测模型	PV-2 项目实现时段模型	DIV-2 逻辑数据模型
		PV-3 项目与能力映射模型	DIV-3 物理数据模型

2. 难设计

业务架构，特别是大型企业这种错综复杂的业务架构，说起来容易做起来难。业务架构对战略的分解、业务架构自身的整合与标准化，到 IT 设计的过渡都存在不少陷阱，业务越复杂宽泛就越难驾驭。因此，即便是尝试过业务架构设计的企业，也有不少是将业务架构设计保持在高阶状态，让做过的人自己都觉得有点儿没底气。

3. 易偏离

施工期间由于客观因素可能会导致实施对业务架构的偏离，这种偏离如果没有得到及时纠正或架构调整，那么累积久了就会造成业务架构的失真。

4. 难维护

少数度过了业务架构落地困难期的企业，也会由于感受到维护架构的难度而心生放弃，从而降低了对业务架构的评价。

1.5　业务架构的定义

业务架构从诞生之初就很清楚地定义了自己的使命：面向复杂系统构建。也就是说，业务架构与其他架构一样，其目的也是要降低复杂度，从更好地规划和实现系统，因此 TOGAF 将业务架构归属于 IT 战略部分。但是从笔者的实践经验来看，业务架构更突出的特点是影响了参加过企业级业务架构设计工作的业务人员，他们的逻辑思维能力、结构化能力、企业级观念和意识都发生了明显的改变，所以，应当将业务架构从 IT 战略中独立出来，更多地面向业务人员，以充当业务与技术之间的桥梁。当然，业务架构要想真正承担起这一职责，还需要改进、简化业务架构设计的方法，对业务人员更友好，并且坚持使用业务架构方法做企业级需求管控，否则，"熵增"一定会将已经建好的架构秩序回归到混沌状态。

说到这里，本书也尝试为业务架构提供一个简单的定义：**以实现企业战略为目标，构建企业整体业务能力规划并将其传导给技术实现端的结构化企业能力分析方法**。业务架构就其方法本身而言，既可以用于单个产品线或业务种类的领域级分析，也可以用于跨越产品线、业务领域的企业级分析；就价值而言，后一种显然对企业具有更高的价值，更值得企业去尝试、推广。因此，本书如无特殊说明，使用"业务架构"一词时多是指"企业级业务架构"。不同于一般基于业务诉求的需求分析或产品设计，业务架构的首要责任在于实现业务与技术的深度融合，在于打造能够让企业整体，尤其是业务与技术之间有效沟通的"通用语言"。

如今大热的"中台"概念，说到底也是一种业务架构设计结果，是对企业能力的一种规划，只不过阿里的实践代表的是自下而上的积累方式，而业务架构设计通常是自上而下的规划与演变。如果认真回顾软件设计的发展历程，那么你一定可以发现，所谓的"中台"绝非是一种超越了"企业架构"这个概念的存在。因此，若想要深入理解"中台"，那么多学习业务架构、软件架构的历史还是很有必要的。

第2章

业务架构的作用及与 IT 架构的关系

2.1　业务架构的作用

业务架构的作用通常被认为是连接业务与 IT 的纽带，用于实现业务需求到 IT 的顺利传导，对于 TOGAF 等企业架构理论来说，业务架构也承担着将企业战略落地的职责。任何方法其实都有一定的时代性，除了上述一般意义上的作用之外，在通向"数字化"时代的进程中，业务架构的独特性在于帮助企业完成了深刻的"数字化"转型，使企业通过信息技术将内部、业务与 IT 深刻地连接起来，成为高效的"数字化"企业。

1. 传统行业中的先行者已经实现了"数字化"

有人说，未来的企业都是科技公司，虽然就目前来讲还为时尚早，但是，科技已经极大地改变了很多传统行业。读者都知道 BATJ（百度、阿里巴巴、腾讯、京东）是科技公司，其实星巴克也可以算是科技公司了。美国的星巴克门店，将近 16% 的收入是来自于其手机客户端；星巴克自己的 App 有近 1300 万的活跃用户，星巴克内部已经将网页、手机、社交媒体、网络营销、StarbucksCard、电子商务、Wi-Fi、星巴克数字网络和新兴的店内消费技术等，统一作为数字业务战略。

近年颇受大众关注的滴滴，在 2016 年就已经实现日产生数据超过 50TB（相当于 5 万部电影），每天规划 90 亿次路径；据称 2017 年全年累计提供出行服务 74.3 亿次。

美团也是人工智能的"玩家"，其开发了服务快递骑手的语音助手，支持骑手全程通过语音与系统进行沟通、确认，免除了手动操作，提高了效率和安全性。以派单操作为例，语音系统会提示："派单，从哪里到哪里，收到回复"，骑手只需回复："收到"，系统即可确认派单。到了目的地附近时，骑手亦可以通过语音关键词回复，直接拨打电话，从而省去了掏出手机这个动作。在电量过低的时候，系统会提醒骑手注意电量，骑行速度过快的时候也会提醒骑手放慢速度，到达顾客附近时还会自动提示顾客的地址。美团的语音助手不仅方便了快递骑手，也使得快递过程更加安全，减少了事故发生的几率。

倒回十几年前，恐怕没有多少人真的相信零售、餐饮、出租车、外卖这些行业会与科技如此紧密相关，甚至会直接成为科技企业，而他们所用的技术也已经是大多数普通业务人员无法理解的了。这不仅仅是指技术原理无法理解，就连应用方式也都无法理解了，这是一个真实的"数字鸿沟"，其赋予了先行者"降维打击"的能力。

2. 后觉者如何启动自身的"数字化"

很多人都清楚地认识到了科技的力量,心里也明白要应对技术推动的跨界竞争,那么后觉者应该怎么做呢?是简单重复先行者的"套路"吗?或者是高薪聘请一些技术人员?还是购买大厂的科技产品?这些虽然都是很有必要的,但正如交给你一把狙击枪,不代表你已经成为一名合格的狙击手一样,你还需要内因的转变,这种转变才是最终促成自身数字化转型的关键。

转变当然不是让所有人都去跨领域学习 IT 技术,全去当"技术能手",而是转变思维方式,架起一道跨越"数字鸿沟"的桥梁,这就是业务架构的核心作用。业务架构可以帮助业务人员整体化、结构化地思考问题,从业务和系统的整体视角,附带一些对技术的基础了解,如分层理念、服务化、微服务化等,去理解业务和技术;同时还能够帮助技术人员理解、归纳业务人员的想法和目标,从而让业务和技术能够处于同一个语境之下,使用同一种"语言"工作。业务架构能够让"后觉者"从认知自身开始完成一场深刻的"数字化"转型。

3. 业务架构带动深度融合

曾经的业务不用管技术怎么实现、技术能听懂需求就足够的时代已经过去了,现在是深度融合的时代。深度融合代表互相深入理解,而这种理解首先需要从思维方式的转变开始,通过建立业务架构,业务和技术都能向对方的领域多迈出一步。当然,这一步对业务人员的挑战更大,但信息技术是这个时代的特征,在一个信息化的时代,就得具备这个时代的思维方式和基本技能,这是任何人都无法回避的问题,就如同从农业时代的战车到工业时代的坦克的变化一样,无论是其战术还是对操作者的技能要求,都发生了翻天覆地的变化。

在构建业务架构的过程中，业务人员需要技术人员的大力协助来共同掌握这个方法，这不仅是一个通向理解的过程，更是一个达成信任的过程。此外，我们无法忽视的一点是，如果业务本身不能被很好地结构化、模块化，那么技术人员也很难做出一个具有良好架构的系统，就算你是中台的"铁粉"，也无法解决这个问题。所以，培养业务人员的逻辑思维、架构意识，对于系统开发而言，只有好处，没有坏处，要努力让业务"懂"技术。

有些技术人员会觉得应该让业务人员只专注业务，但是不妨想一想，业务人员和技术人员在现实中的比例，你会发现，要是业务人员也能对技术的思维方式有所了解，那将会对技术的合理应用乃至创新产生多么大的推动力。打个不恰当的比方，技术人员就好比是茶商，你可能想象不到，有多少现代人的喝茶习惯、茶叶知识都是拜茶商所赐，客户对茶叶了解地越多兴趣就会越浓，就更愿意尝试不同的茶叶、茶具以及泡茶技法。很多消费者最终在知识、兴趣上都远超一般的茶商，这就是人们常说的培养客户，与客户共同成长的案例吧。

4. 来自银行的声音

大型商业银行业务种类繁多、组织结构庞杂，每年的 IT 投入也是不菲的，他们更需要进行合理的"企业级"规划以实现 IT 对业务发展的支持，应对来自互联网企业的跨界竞争。

2017 年 6 月 25 日，中国建设银行宣布，该行完成历时 6 年的"新一代"核心系统建设，明确称其采用了企业级建模方法，形成了以"四个一（一套模型、一套 IT 架构、一套实施工艺和一套管理流程）"为特征的企业级工程实施方法，全面建立集团层面的流程模型、数据模型、产品模型和用户体验模型；2019 年 4 月，中国工商银行金融科技部总经理在《中国金融电脑》杂志上撰文称，"中国工商银行整合构建企业级业务架构"，"重构了适应新时期发展需要的业务架构视图，重新规划整合了 28 个领域的业务架构，形成了 2300 余个任务组件"，"通过强化业务架构的顶层设计和跨条线的协同联动，为后续进一步打造更具新时代基因的智慧金融体系奠定基础"。

这些银行的应用能够为企业级业务架构方法提供了更多的有效性佐证和实现上的借鉴。

关于业务架构作用的讨论，读者可以进一步阅读本书的附录 A，该篇附录是笔者在进行企业级业务架构设计工作期间，阅读马汉的名著——《海军战略》的读后感，也是对业务架构作用的一种思考。

2.2 业务架构与 IT 架构的关系

1.5 节中提到过，TOGAF 框架将业务架构视为 IT 战略的一部分，但事实上，业务架构应当是企业战略而非 IT 战略的一部分，它不同于通常意义上的业务需求，而是企业业务战略的实现方法。因此，业务架构范围是可以大于 IT 架构范围的，可以包含企业战略的非系统化部分，是企业业务的全景描述。IT 架构则是用于企业信息化建设的，是企业战略的系统实现部分。二者之间的关系，用灵魂与容器来形容也许更为恰当。业务架构是灵魂，IT 架构是容器，即灵魂的载体，没有灵魂，只有容器是没有生机的，所以，技术人员需要关注业务和业务架构。

业务架构与 IT 架构的关系可以用图 2-1 加以说明。

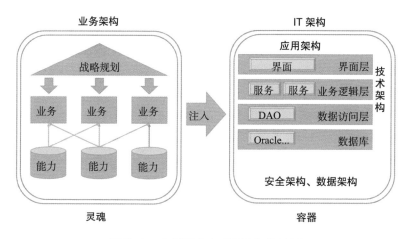

图 2-1　业务架构与 IT 架构的关系

业务架构可从企业战略出发，按照企业战略设计业务及业务过程，业务过程是需要业务能力支撑的，从战略到业务再到对业务能力的需要，就形成了支持企业战略实现的能力布局，可以将这个布局理解为业务架构，它是企业为客户创造价值的设计过程。业务架构设计会尽可能地追求以更为集约的能力实现更为多变的业务或服务，这其实也是中台战略追求的目标，因而，中台战略实际上也可以归结为一种业务架构设计。

业务架构设计完成后，"灵魂"就诞生了，IT 架构则是根据"灵魂"的需要来设计"容器"。IT 架构的分类方式并没有统一的说法，通常会分为应用架构和技术架构，而近些年随着大数据的发展，数据架构的地位直线上升。此外，随着数据安全问题日益受到重视，许多企业的IT 架构也将安全架构置于重要的位置上。

IT 架构的 4 种架构的特点以及关系具体如下。

1）应用架构重点关注的是功能布局，与业务架构的关系非常紧密，可以称其为业务架构设计的"紧后工序"。

2）技术架构主要关注分层结构，对于大型业务系统来说，一个逻辑分层很可能要通过多种平台才能实现，因此还会在分层中加入平台规划。技术架构与业务架构的关系不像应用架构那么直接，主要是通过对业务特征、业务量等多种因素综合考虑分层的合理性和平台选型，通常业务架构设计不会涉及这部分工作，但业务架构人员应当了解本企业的技术架构及特点。

3）数据架构中有一个重要的组成部分是数据模型，数据模型与业务架构关系密切，甚至可以归类为业务架构的组成部分。

4）安全架构与业务架构的关系一般不是十分紧密，但是目前安全架构设计的一个发展趋势便是在向业务架构靠拢，或者说是向企业战略靠近，以使得安全架构设计更贴近实际业务需要，符合企业发展方向，而不再局限于传统的网络安全、信息安全等防护型工作，需要体现出更多的"规划"特征。

从上面的介绍可以看出，作为"灵魂"的"容器"，IT架构中的应用架构和数据架构与业务架构的关系是最为紧密的。从实践的角度来说，如果企业没有那么多的架构设计人员，那么应用架构与业务架构可以合并，毕竟业务能力规划清楚之后，向部署延伸一点就是应用架构。如果将业务架构与应用架构合并，那么让经验丰富的技术人员担任此项工作会更为合理，但要求相关人员必须具有或者培养良好的业务思维。数据架构中的数据建模工作更是可以合并在业务架构设计过程中。

　　将"灵魂"注入"容器"是技术人员的重要工作，而能否顺利注入，让"灵魂"有个适宜的居所，则有赖于对"灵魂"的充分认知；而引导这一认知过程，让原本朦胧神秘、纷繁复杂的"灵魂"清晰可见的，正是业务架构。

第3章

架构伴侣：业务模型

业务架构是战略、流程、组织等业务元素的结构化表达，因此，说起业务架构，自然离不开结构化表达的基本方式——业务模型，所以本章将重点介绍业务模型。

3.1 模型与业务模型

业务模型也是模型的一种，因此我们需要先从模型讲起。关于模型的概念，各位读者可以查到很多种定义，不过，笔者觉得百度上有一种定义比较容易理解：**模型是所研究的系统、过程、事物或概念的一种表达形式，也可指根据实验、图样放大或缩小而制作的样品。**

很多人一谈起模型就认为模型是抽象的，模型最重要的就是抽象，这种说法对软件开发人员而言并无不妥，但是对于理解模型的概念而言，还是有些狭隘了。模型也可以是具象的，可以是实物，比如售楼处常见的楼盘模型，古时的工匠为皇家修建故宫、亭台楼榭时，也会先做出精巧的木制模型，而且是与实物构造一模一样的"高精度"模型。模型不仅可以是真实的事物，也可以是虚拟的，只要想象力足够强大，即可创建虚拟模型，比如时下很流行的高达玩具模型、变形金刚等。模型当然也可以是抽象的，比如软件开发中常用的实体模型、时序图、状态图、用例图等。图 3-1 是几种不同类型的常见模型。

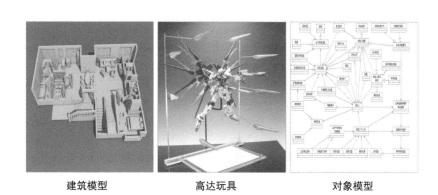

建筑模型　　　　　　　高达玩具　　　　　　　　对象模型

图 3-1　各种不同类型的模型

模型就是一种表达形式，其实我们所说的话也可以视为一种模型，它是我们头脑中某种想法的表达，表述的过程即可看作是建模的过程，同时我们的表述还遵循了一定的语法规则。所以，模型其实并不神秘，对于业务人员而言，工作时经常会画的业务流程图也是一种模型，与软件开发中所用的模型相比，无非是存在建模视角和抽象程度的差别。

理解了模型，我们再来看一下业务模型。套用上文所述的概念，业务模型就是对业务的表达，至于这个业务的范围就要看实际需要了。

如果只是针对一个产品，那么业务模型可能就是对产品的设计、生产、销售、使用、售后管理过程的描述，其中还要包含所有参与方的目标、活动、角色、职责等。如果针对的是一个大型企业，那么业务模型的范围就可能包含多条产品线，每条产品线都有不同的业务过程，而所涉及的参与方也会更多、更复杂。

所以，业务模型最主要描述的就是组织及其运作过程。企业的业务模型有一个最高阶抽象的三角形，如图3-2所示。

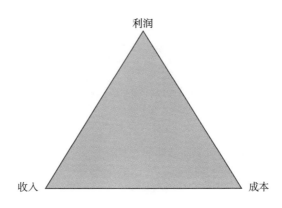

图3-2 企业的业务模型

图3-2所示的这个三角形可以说是一切盈利性企业的基本行为，企业为生产而投入成本，产品或服务销售后获得收入，而衡量企业业绩的最基本方法就是计算收入减去成本所得的利润。

所有企业的行为都可以从这个三角形出发进行分析，比如，一个企业的基本流程可以概括如下。

企业确定向哪些人销售自己的产品或服务，这就体现了企业自身的价值定位。

- 企业准备组织哪些人进行生产、销售，在什么样的渠道上销售，为此投入什么样的资源，这就是企业的生产和销售流程。

- 收入和成本都需要记账，这就是财务会计的流程。

- 对利润实现情况的衡量、盈亏原因的分析等，都体现在管理会计中。

所有的行为都会产生数据，这些数据是我们做系统设计时的必要输入，是结合业务流程做架构分析的基础。从这个最高阶的核心模型出发，我们可以演化出整个企业的业务过程，可以模型化地创造一个企业，这就是所谓的"大道至简，衍化致繁"。

3.2　常见的建模方法

1. ISO 9000 模型

业务人员在业务学习过程中很容易接触到流程模型，比如 ISO 9000 质量体系中会使用的流程模型。ISO 9000 质量管理体系是国际标准化组织（ISO）制定的国际标准之一，是指由 ISO/TC 176（国际标准化组织质量管理和质量保证技术委员会）制定的所有国际标准。该标准可以帮助组织实施并有效运行质量管理体系，是质量管理体系通用的要求和指南。

1992 年，我国等同采用 ISO 9000 系列标准，形成 GB/T 19000 系列标准，随后，各行业也将 ISO 9000 系列标准转化为行业标准。申请

ISO 9000 质量认证的企业，通常要绘制企业的业务流程图，流程图的样式为垂直职能带型，通常使用 Visio 工具进行绘制，参见图 3-3 所示的样例。

ISO 9000 模型对业务人员非常友好，但是，将其应用到软件设计领域，则会出现表达能力比较单一，对技术分析而言有所不足的问题。

2. BPMN 模型

BPMN（Business Process Model and Notation）即业务流程建模与标注，是由 BPMI（The Business Process Management Initiative）开发的一套建模标准语言。2004 年 5 月，BPMI 正式发布了 BPMN 1.0 规范，其后，BPMI 并入到 OMG 组织，OMG 于 2011 年推出 BPMN 2.0 标准，该标准对 BPMN 进行了重新定义。

BPMN 的主要目标是为所有业务用户提供一些易于理解的符号，支持流程的创建、分析和实现，直到最终用户的管理和监控。开发 BPMN 的核心目标就是要构建从面向业务流程建模到面向 IT 执行语言的一座桥梁，因此 BPMN 的出现填补了从业务流程设计到流程开发的空白。

BPMN 的工具较多，图元比较丰富，网上可以很容易地找到一些范例和工具介绍，如图 3-4 所示。

作为建模语言而言，BPMN 的表达能力很强，其元素的核心集包括含事件、活动和网关在内的**流对象**（Flow Objects），含顺序流、消息流以及关联在内的**连接对象**（Connecting Objects），含数据对象、文字注释和组在内的**人工信息**（Artifacts），以及作为图形化容器的**泳道**。

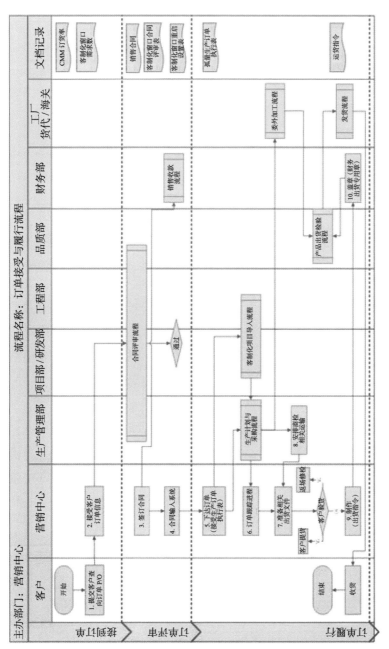

图 3-3　ISO 9000 模型示例

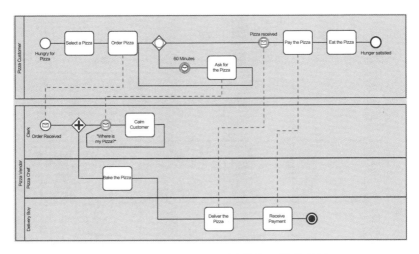

图 3-4　采用 BPMN 语法的流程模型示例

BPMN 对于业务人员而言需要一定的学习过程，业务人员通过学习不难掌握 BPMN，并且还可以将其应用到业务工作中；BPMN 对技术端而言，除了可以正常辅助业务分析之外，还可以用于工作流引擎设计。

3. UML（统一建模语言）

技术人员非常熟悉 UML（Unified Modeling Language，统一建模语言），UML 是非专利的第三代建模和规约语言。UML 可应用于一系列最佳工程实践，这些最佳实践在对大规模、复杂系统进行建模方面，特别是在软件架构层次中已经被验证有效。

UML 体系中包含了 3 个主要的模型，具体说明如下。

1）功能模型：从用户的角度展示系统的功能，包括用例图。

2）对象模型：采用对象、属性、操作、关联等概念展示系统的结构和基础，包括类图、对象图。

3）动态模型：展现系统的内部行为，包括序列图、活动图、状态图。

由于 UML 在开发中已经广为使用，因此本书不再赘述其示例。UML 对技术人员比较友好，但是其缺点也十分鲜明，就是对业务人员非常不友好。

业务架构的任务是搭建业务与技术之间的桥梁，所以作为业务架构在结构化表达方面不可或缺的工具，业务模型必须同时照顾业务与技术双方的感受，也即表达能力丰富、兼具业务和技术友好性的建模方法对业务架构而言更为合适。如果企业在以往的技术实现中已经习惯于采用某种建模方法，而犹豫是否要进行模型方法层面的大调整，则要考虑如下因素以判断是否进行该调整。

1）是否可以对原有方法进行改造以弥补缺陷。如果原来的方法太过面向技术端，那么能否增加面向业务端的合适的展现方式？如果对改造效果的评估或者试验不乐观，那么建议还是切换建模方法吧。

2）原有的模型成果是否还有复用的价值。如果企业决心进行大规模转型，那么原有的模型成果除了提供初期分析的信息输入之外，基本上再不会有多大的复用可能性，切换建模方法也就没什么不可以的了。

3.3 建模原则与模型思维的应用

既然业务模型对业务架构、系统设计如此重要，那么建模是否存在什么"秘籍"呢？很遗憾，没有。这不仅是笔者个人的理解，不少关于建模的书中也都提到过，建模看似有很多种方法、标准可以遵循，但是模型质量尤其依赖建模者的经验，是一个"熟练工种"，经验丰富很重要。

虽然没有捷径，但还是有两个原则需要读者时刻注意。

第一，整体性原则。做模型切忌快速上手，不要轻易被业务细节吸引，更不要被立马解决问题的冲动所左右，一定要将问题域（或者说建模对象）通盘考虑清楚，先有整体轮廓再考虑局部设计。管理课上讲沟通时经常会列举一个"做飞机"的例子，先将听课的学员分成若干组，每个组设计飞机的不同部分，比如机首、机身、机翼、机尾，而不给出整体要求，组间也不允许沟通，然后将各组的设计拼接起来，最终很可能就会看到如图 3-5 所示的这种结果。

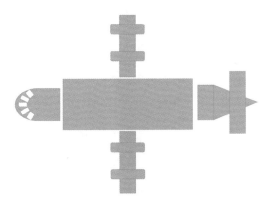

图 3-5　拼不上的"大飞机"

没有整体性原则做指导，就真的可能会做出不仅飞不起来，而且还极其"丑陋"的飞机。企业中常见到的"竖井式"开发，也会出现这样的情况，每个子系统独立工作时都很正常，协作起来就不行，因为原本就没有按照整体进行过设计。

　　第二，合适性原则。读者可能听过这样一个比方，将世界上最美的五官凑在一起，并不会成为世界上最美丽的脸，这就是合适性原则。美丽的脸通常是五官比例好、搭配好的脸（如图 3-6 所示），也就是说，模型中所包含的各个部分、各类元素要有机地结合在一起，而不能在设计时为了图新潮、赶时髦，甚至为了建模者个人的"执念"，放大需求、胡思乱想、生搬硬套，只想进行"理想"的实现，而不进行"合适"的实现，漠视客观现实和循序渐进而导致设计结果的"无用"。

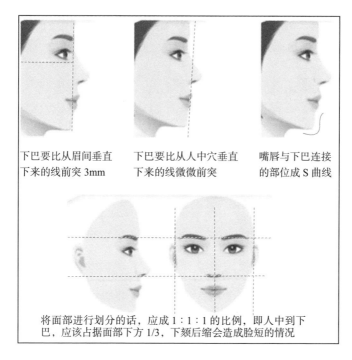

图 3-6　合适的五官才是美丽的五官

业务模型是为业务架构服务的，所以细心的读者也一定注意到了，上文所述的这两条原则其实也是架构设计的重要原则。建模唯有不断练习，不断参与项目实践，以获得对建模成果的重要反馈，才能有所提高。设计上经常将不管实现结果的架构师称作"PPT 架构师"，其实建模也是一样，若不能在生产环境中得到反馈，那么建模者也会成为"PPT 模型师"，所以说，实践是理论之源。

做过建模的人都能理解，认真建模是一件枯燥又繁琐的事情，前文中也曾提到过，业务架构设计可以帮助业务人员提升逻辑思维能力，应该让业务人员多参加。那么对于广大业务人员而言，投入这么大的精力参与这么枯燥的工作，完结了项目之后，这技能还能用得上吗？答案是肯定的，虽然业务人员不会在项目结束之后还继续建模，但是重要的模型思维却是终身受用的。

笔者个人总结出的如下 3 点模型思维是在各类工作中都值得借鉴的。

（1）把握整体

关于把握整体的重要性这里不再赘述，关于其应用场景，举例来说就是，对于领导交办的任何工作，尽可能不要第一时间就"Just do it"，而是要先抽出点时间，考虑下事情的来龙去脉、前因后果，这样才能控制好工作的度，以免过犹不及。时间和人力是企业最宝贵的资源，不是任何事情都值得投入最大的精力去追求满分效果，要从整体着眼来评价工作事项，尽量杜绝过度"敬业"对时间和人力的浪费。

（2）穿透现象

露出水面的往往是冰山一角，能够透过现象看本质是对建模人员工作能力的基本要求。这种注意事物内在联系、本质差别的能力，有助于读者拨开笼罩在现象表面的"迷雾"，找到解决问题的最佳方案。这种思维方式在任何工作中都是可以用得上的。

（3）**保证落地**

曾经有句流行语："一切不为业务目的服务的技术都是耍流氓"，这里套用一下，"一切不考虑落地的架构设计都是耍流氓"。架构不能只是停留在口头上，纸面，真正了解架构本质的人，无论做出什么样的设计方案，都会以落地实施为前提。对应到日常工作中，就是无论何时何地，各位提出的工作建议都不能只是"空谈"，都要为其实现而负责。落地靠的是经验、方法、能力，而不完全是信心，所以，工作要慎重，胆大的同时更要心细。

关于模型的一些基础性介绍先到此为止，本书所讲的业务架构都是使用业务模型来构建的。虽然业务架构与模型之间关系紧密，但是必须明白的是，架构不等同于模型，模型也不等同于架构，不要将二者混为一谈，架构相当于思想，模型只是表达。实践中如果遇到问题，一定要先想清楚原因，不要因为模型表达方式不理想而认为架构无用，也不要因为架构设计不理想而埋怨模型。

目前主流的软件设计方法其实都是 MDD（Model Driven Development，模型驱动开发）形态的，无非是建模工具、建模方法的差异，即使是火热的中台模式，其设计过程也离不开模型方法。

第二部分

业务架构设计篇

在开始讲述业务架构设计之前，本篇首先介绍一下业务架构的一般实现过程，以便读者对此有个整体印象。

业务架构是面向企业战略和企业整体的，而非仅处理单一需求。其一般实现过程包括设计和落地两个不断交替上升的过程。其中，设计过程为从企业战略分析出发，通过梳理企业目标，发掘能力需求（既可能是企业自身业务与技术水平发展产生的主动能力需求，也可能是科技导致的业态变化、竞争压力产生的被动能力需求）；再通过价值链分析方式，构建企业整体能力布局（即业务架构），并在分析过程中，将能力需求放入能力布局中，并以此在业务层面落地战略、检验战略的可行性，甚至调整战略。

落地过程主要为通过业务架构驱动 IT 设计、协调实施过程，建

立业务架构元素与 IT 设计元素之间的联系，并在实施中对业务架构
进行基于实现的最终调整，以确保业务架构与 IT 实现之间的一致
性。落地后则会依靠业务架构管理企业需求、处理战略迭代的业务，
业务架构设计与 IT 落地交替上升，如图 1 所示。

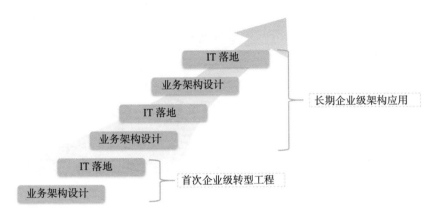

图 1 交替上升的业务架构设计与 IT 实现

从图 1 所示的这个交替上升过程可以看出，不同于我们对一般
业务架构的认识，优秀的业务架构实践不能仅单纯地停留在业务分析
层面，也不能只满足于业务能力的组件化聚类，而是要时刻关注新技
术、新业态的变化，适时引入新理念、新方向，使之具备与时俱进的
能力。实现上，我们以前倡导"业务推动技术"，业务提需求，技术
管实现，业务发展催生技术发展；而现在，随着技术进步越来越快，
"黑科技"也越来越多，"技术引领业务"的声音逐渐增多。但是，所
谓的"技术引领业务"并不是指由 IT 人员直接抛出新技术给业务人
员去琢磨和研究，而是指将对新技术的理解首先通过业务架构设计引
发业务变化，用新技术理念推动业务模式演变，再进行 IT 技术开发，
这才是理想的"业务与技术融合"，由此可见，业务架构意义重大。

第4章

业务架构的设计起点

4.1 企业战略分析

战略作为业务架构分析的起点，业务架构设计必须透彻理解其战略。"工欲善其事必先利其器"，本节首先介绍一个很容易掌握的企业战略设计模型，该模型是由 BMGovernance 公司设计的，模型如图 4-1 所示。

该模型从企业愿景、使命这种相对宏观的概念入手，向下分解出可度量的目标，愿景、使命和目标这 3 部分作为"屋顶"，描述的是企业为自身发展所设定的目标和成功的标准，无法衡量的目标只能是个精神口号，不能转化为行动。这并不是说不能喊口号，而是说这个口号必须是能够被分解成可以指挥行动的具体度量，例如，若愿景定义为"让全世界都使用清洁能源"，使命就是"逐步使用风能、太阳能等清洁能源取代具有污染及潜在污染可能性的煤炭等化石能源"，那么目标自然就是"清洁能源使用量占世界能源使用量的百分之百"，这个目标衡量起来也很容易，只需要看统计数据就行了。

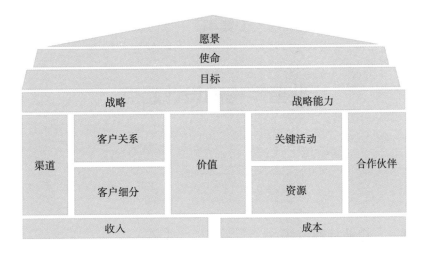

图 4-1 BMGovernance 公司设计的企业战略分析模型⊖

无论是世界级企业所设定的改变全人类的宏大誓愿，还是小企业期盼明天还能够在市场上生存的小梦想，都必须要"量化"出来，成为可执行的目标。这一点是业务架构设计人员在分析企业战略时必须要特别注意的，千万不要将战略只当作华而不实的口号，而是要能够像一棵参天大树一样，坚实地向上生长、开枝散叶。

愿景、使命、目标这 3 个经常被人诟病为"假、大、空"的战略元素在一个可靠的业务架构设计中，无论怎样强调都不过分，因为它

⊖ 参见网址：http://www.bmgovernance.com/language/zh/。

们是"屋顶",如果这三者出现偏差,就会出现"上梁不正下梁歪"的问题。所以务必要与企业的管理者沟通清楚,务必让所有参与方都达成一致共识,这是项目中最高层级的概念一致性,绝对不能出现偏差,以免"差之毫厘,谬以千里"。

不少技术人员不重视企业战略,认为企业战略与技术开发无关,这种想法大错特错。如果一个企业的战略使得员工觉得与自己无关,那么只能说明这个战略本身以及对战略的宣导是失败的。不落实到流程中的战略是无法被执行的,而与战略落地无关的流程到底是在干什么呢?创造的是什么价值呢?为这样的流程开发的系统又是在干什么呢?如果一个企业花费了几千万甚至上亿成本开发的业务系统,其设计人员连企业的战略都不知道,那么这个系统真的能够支持企业的发展吗?业务与技术的融合就更无从谈起了。

分析模型中,"屋顶"之下左侧是战略、右侧是战略能力。战略是为了完成上面提到的目标所需要采取的路线、方法,这有点类似于银行的分行每年为了完成总行下派的经营指标所制定的各种经营策略,比如大力挖潜、激活存量客户等。战略能力则是为了完成这一策略所需要的能力,比如为了开展激活存量客户的行动,需要进行的操作,如客户分析、营销组织、渠道应用、业务处理、合作伙伴管理等。

分析模型中,再下一层级就涉及具体的工作了,左侧表述的是为实现战略而在客户一侧采取的行动,包括渠道、客户关系、客户细分,实际上就是指面向哪一类客户、在什么渠道上、如何为其提供服务等。下面继续以上面列举的示例进行说明,激活存量客户首先要考虑激活哪一类客户,是一般客户还是高端客户,不同的细分客户需要采取不同的策略。现如今很多企业都在讲求精准营销，在大数据、人工智能的加持下，从"千人千面"一路飙升到"亿人亿面"；选择了客户群之后就要考虑渠道类型，是选择互联网渠道、电话渠道、手机银行渠道、微信渠道还是柜面服务；确定了渠道之后，还要考虑如何将激活行动的消息送达客户，如何让客户愿意接受，以及相应的售后服务，这些均属于客户关系范畴。

分析模型左侧最下边的是收入，也就是说上述行动成功后，应当产生预期的收入。

分析模型右侧所对应的 3 个方块则是在企业内部还需要采取的行动，关键活动是支持激活客户战略所必备的业务处理过程，包括交易流程、积分规则调整流程、积分兑换流程等；关键资源则是为支持促销战略需要提供的资金、人员、物品、参加活动的网点等；合作伙伴则是为了补充银行能力不足而引入的外部力量，比如为了激活一般客户所提供的交易积分兑换电影票服务，为了奖励高交易量客户所提供的体检、高尔夫球等活动，都需要与第三方合作才能办到。

分析模型右侧最下边的是成本，也就是说上述行动会带来合理的成本支出。收入与成本的差额就是收益了，这就是对激活存量客户策略的最终检验。

分析模型居中的是价值定位，企业为哪种类型的客户提供哪种类型的服务就是企业的价值定位。模型中方块左右两边描述的其实就是这个含义，企业的价值定位是否准确、可持续，也是看左边的活动产生的收入是否能够覆盖右侧的活动花费的成本。如果能，则企业就能够长期发展；如果不能，则企业就需要重新思考价值定位了，而这种反思很可能会导致"屋顶"的变化。

在这个模型中,读者可以看到 3.1 节中提到的三角形(图 3-2)也包含在其中,如果说图 3-2 所示的三角形是"大道至简",那么这个模型就可以看作是"衍化致繁"了。

这种建模过程也是对战略的一次简易的沙盘推演,其能够衡量战略的合理性、可行性,这种分析是非常有价值的,可以避免工作的盲目性。相信各位在日常工作中都遇到过不计成本、不计代价的强硬需求,那么今后各位读者可以试试通过这个模型对强硬需求做一个全面的合理性分析,也许能够帮助需求方发现战略缺陷,找到改进方法,使业务方案更符合各方的期望。否则,一个连沙盘推演都走不通的战略又如何能够指导业务发展呢?更别提去为此开发系统了。

经过上文对建模的讲解,相信各位读者已经能够看到隐藏其中的业务架构了,渠道管理、客户信息管理、客户细分、客户关系管理、金融产品组件、合作伙伴管理、财务核算、绩效考核等业务能力组件已经呼之欲出,"中台"也是若隐若现,接下来就是进行更为细化的建模工作了。此外,各位读者也不妨思考一下,既然企业战略并没有那么神秘,那么无论对于何种规模的客户,是不是都该鼓励他们享受一下战略的乐趣呢?

除了本节介绍的这个方法之外,软件工程方面还提供了关键成功因素法、战略目标集转化法、企业系统规划法等用于企业战略与系统规划的分析方法,但这些方法普遍存在战略规划与开发之间无法有效衔接的问题,有兴趣的读者可以自行了解。

4.2　对标分析

谈到企业战略这个话题，很多人都会想到对标分析，因为无论是使用"SWOT"分析方法、波特的"五力分析"方法，还是不靠任何方法论的"硬想"，都无法抑制将其与行业内、甚至跨行业的领先实践进行对比的"冲动"。这种通过对比寻找进步路径的思想至少可以追溯到孔夫子提出"见贤思齐"的春秋时期，差不多是几千年的思维惯性了，甚至一些企业在不惜重金聘请咨询公司做战略设计时，仍将重点都集中在了"别人怎么干"这件事上。

既然企业战略是业务架构设计的起点，对标分析又是企业经常使用的方法，那么本节我们不妨多聊聊对标分析方法的问题，以供读者在进行对标分析时参考。

很多人将对标分析的好处定位于快速学习领先实践，其实这种想法存在两个误区，具体如下。

（1）领先实践真的研究透了吗？

很多时候，即便请咨询公司出手相助，对领先实践的研究也多是表象研究，很难充分了解其机理，这就如同冰山一样，水面上看到的只是其很小的一角，庞大的水下部分才是主体，而这"水下部分"如果不在企业内部身临其境是很难充分感受的。此外，企业的发展是有时间过程的，一个优秀的表象是经过了什么样的过程形成的，其实很少有人能说得清楚，而形成这个表象所依赖的企业内部各组成部分之间的联系和"过往"就更少有人人知道了。毕竟，即便是企业内部人士，通常也只了解自己所负责的工作，清楚企业全景的人很少，也就是说，很难清晰地还原表象形成所依赖的环境。

这种情况下，简单化地学习领先实践，无异于照着别人的药方抓药给自己吃。如果真的想学透领先实践，恐怕得像华为学习 IBM 那样，邀请大量 IBM 人员进入华为指导工作，找领先实践"本尊"手把手来教，并且要求华为人员在学习期间，只许学习，不许质疑，全部学会并运行顺畅了，再谈改良。相比之下，多数企业在战略层面的对标分析、领先实践分析"盛名之下其实难副"。

（2）对标之前了解清楚自己了吗？

对于这个问题，可能很多人都会觉得奇怪，难道企业不是了解了自己，找到了痛点之后才去进行对标分析的吗？事实上可能真的未必如此。企业召开跨部门业务会议时，大部分时候讨论的不过是基于部门界限的协同，其实很多问题都上升不到需要寻求领先实践去学习的高度，而咨询项目启动时，企业通常也是才真正开始思考自己的问题到底是什么？这种情况下，企业对自己的认知其实是有限的，很多问题并没有深入挖掘根本原因和产生环境，而这两点对于形成正确的对标分析结论却是非常重要的。为了提升对标的针对性，首先还是要从自己身上下功夫，只有真正的在内部无法攻克的问题才值得去对标。

对业务架构设计中的企业战略分析而言，对标是为了通过对比与模仿，引入优秀的发展经验。但是，古人有云，"知人者智，自知者明"，所谓"明智"，正是要先认清自己，再了解别人。因此，结合前文的分析，在企业战略设计方面切不可简单照搬、盲目引进，光在"别人家的事情"上下功夫，导致无效对标，甚至让对标分析"带偏"了自己。

4.3 组织结构的影响不容忽视

对组织结构的梳理，在需求分析过程中也会经常遇到，内容包括部门职能、部门关系、岗位等。就信息收集而言，业务架构设计在操作方面并没有什么特别之处，区别在于，业务架构设计的着眼点是企业级能力规划，希望能够突破壁垒、形成合力。也正是因为这个"初心"，组织结构对业务架构设计的反作用力也是极大的，本节正是想要谈谈这个问题。

提及组织结构对系统设计的作用，很多人都会想起"康威定律"。Melvin Conway 于 20 世纪 60 年代后期确定的"康威定律"告诉我们，任意一个软件都能反映出制作它的团队的组织结构，这是因为人们会以反映他们组织形式的方式工作。换句话说就是，分散的团队可能采用分散的架构生成系统，集中的团队更有可能采用单体的架构生成系统。

项目团队的组织结构中的优点和缺点都将不可避免地反映在他们制作的系统中。这个规律延伸到需求方身上也一样适用：需求方的组织结构不可避免地会影响到系统的组件结构。俗话所说的"干活儿不由东，累死也无功"，就是对这个问题最直观的解释。

前文曾讲过，做业务模型，有两个原则需要注意，其中之一就是整体性。设计业务架构，我们当然希望能够通盘考虑整个企业，而不要因为部门利益影响组件边界的划分，影响功能设计。做出来的模型，凡是公用的部分，应该照顾到所有利益相关方的需求；凡是已实现的功能都应该对新的需求方开放并支持必要的扩展，这是企业级设计应该追求的目标，但是，实现起来常常困难重重。企业无论大小，一旦系统的设计边界跨越了单个部门的职能范围时，都会出现部门利益问题，无非是企业规模、文化差异造成的协调难度的差别。

在企业内部，部门利益是部门需求的天然边界，即便要做企业级，各方肯定也是要先说清楚自己的需求，再去考虑别人的需求，"种了别人家的田，荒了自家的地"是绝对不行的。所以，各部门在参与到企业级谈判中时，都是首先要满足自己所在部门的业务诉求。

这就要求，作为业务架构的设计者，拿出来的方案最好是以一种更有效的方式来满足所有相关方的需求，而不是单纯做抽象、归并，要各部门"你让一陇地，他少一棵树"的方式搞折中，这样做实际上就失去了做企业级的核心价值，因为这样的折中既无法保证系统的先进性，也无法保证用户体验，甚至还可能发生退步。部门利益是做企业级的最大障碍，跨越这个障碍是对业务架构师设计能力的最高挑战。当然，客观地说，没有更好的解决方案时，不动也是一种选择，因为，同样接受这个挑战的还有企业文化。

举个例子，银行都有积分系统，近年来各行也都做了综合积分，其实其中的实现难度很大，主要问题不在技术而在业务。理想的综合积分是企业只有一个积分系统，支持所有产品的不同积分规则。对不同的客户群、不同的营销方案可以进行参数化配置，最重要的是，支持以单一积分形式统一用于奖励兑换，而不是想要换个包，还得分别花去信用卡积分、黄金交易积分、基金业务积分，这样客户体验会非常糟糕。

但是若都使用一个积分，那么又会出现这样的内部问题，信用卡部门为了促销，提高了积分发放，这样信用卡用户就在积分的获取上占了便宜，而客户的资金终归是有限的，因此黄金交易的业务量就有可能会掉下去。黄金交易的管理部门有样学样，也开始提高积分，结果就会造成积分的营销费用提前花光，反应稍慢的部门便已经没有机会进行促销了。

说到这里，读者可能已经明白了，综合积分背后的博弈可能是营销费用的分配。在开展综合积分活动以前，这笔营销费用有可能是提前划分到各部门的，各部门自行支配，蛋糕先分好，之后就不会再"打架"。如果综合积分设计不考虑清楚这个问题，就会动了多数人的蛋糕。

所以，如果能解决这个问题，那么综合积分的活动就能真正做到在一个组件里展开，如果解决不了，还是各自为政，那么是否放在一个组件中就没有实际意义了，只是解决积分综合查询问题的话，有很多方法都好过功能迁移。

即便设计好了上层的业务架构方案，是否一定就能顺利实现企业级了呢？也未必。

企业的组织结构会影响其内部沟通效率，壁垒森严的大型企业，沟通效率通常较低。各位读者可能知道，组织的沟通方式主要是正式和非正式两种，其中，正式沟通在大企业中最常见的方式就是开会。如果项目少可能还好一些，但是大型企业通常会同时开展多个项目，一般都是以项目群、项目组合的方式进行开展，而如果企业决定开展企业级转型项目，十几个、甚至几十个项目长年同时进行也是很正常的，互联网企业更是如此，每天都在挑灯夜战。

那么由此带来的一个问题就是项目组之间为执行企业级设计蓝图，在开发过程中可能需要对组件协同问题、边界问题频繁进行沟通，项目经理、业务经理、技术经理这些角色甚至会成为职业开会人。如果会议效率难以保证，一个问题久拖不决，就会产生两种结果：一是项目组担心工期延误直接改变架构方案；二是采用非正式沟通方式，项目组间通过私下交流解决问题，而后者也极有可能是以改变架构方案为代价的。

这两种结果都会使得企业架构的地位变得很"尴尬"，导致架构失灵。而应对这种问题并没有特别好的方法，只有加强企业级架构人员的能力与数量，让企业级架构人员以 BP（合作伙伴）的方式参与项目组，在项目组间搭建起企业级架构协作网络，提升架构决策效率，才能使得企业级架构不至成为"瓶颈"。

当然，若有能力超强者作为主导，在最高层领导的支持下，强行决定各种决策，也不失为一种选择。但是，企业越大，尤其是在以业务居于主导地位的企业中，这种结构就越难形成。此外，这种过于"中心化"的方式也不是长期推行企业级业务架构模式的理想方式。

企业的组织结构在业务架构的设计与实现过程中具有很重要的影响，理想的企业级系统建设与组织结构转型是相辅相成的，应当一同展开。一个在组织结构上高度部门化的企业是很难建成一个真正的企业级业务系统的，这一点在做业务架构设计时务必要提前考虑到，方案与组织结构要匹配，否则在落地时很可能会困难重重、面目全非。企业级转型大多数是需要时间来适应的，休克疗法、瞬间跨越都很难，在这一点上，业务和技术要通过业务架构设计过程互相影响、互相协作、互相改变。企业级建设是一个"砸烟囱"的过程，其实无论你砸得多卖力，"烟囱"总还是会有的，对于企业级设计来讲，这是实践者必须面对的问题。从之前笔者与阿里巴巴的交流来看，即便是对这些号称组织结构灵活的互联网"新贵"而言，"砸烟囱"也是一个痛苦的过程。

| 第5章 |

业务架构的设计过程

分析完企业战略、组织结构，是不是就该进入业务流程分析了呢？先别急，业务流程分析，特别是对于具有多条不同业务线的企业而言，是一种垂直式的分析。如果直接开始进行业务流程分析，那就走上了竖井式开发的老路，就算拥有共同的战略目标，也未必能够建得出企业级的业务架构和业务系统来。业务架构强调的是整体性，需要有横向视角通观整个企业的生产过程，因此，展开垂直的业务分析之前，必须先确立一个统一的分析框作为观察各个业务线的统一方法，这样才能将企业需要的业务能力进行分类汇集，从而产生合理的业务架构。

5.1　价值链分析

管理学上分析企业竞争力通常多使用价值链模型，而这个久经考验的管理方法也很适合用来做横向的企业级分析。

价值链 (Value Chain) 的概念首先由迈克尔·波特 (Michael E.Porter) 于 1985 年提出。最初，波特所定义的价值链主要是针对垂直一体化公司提出的，强调的是单个企业的竞争优势。随着国际外包业务的开展，波特于 1998 年进一步提出了价值体系 (Value System) 的概念，将研究视角扩展到不同的公司之间，这与后来出现的全球价值链 (Global Value Chain) 的概念有一定的共通之处。之后，寇伽特 (Kogut) 也提出了价值链的概念，相比较于波特的观点，寇伽特的观点更能反映价值链的垂直分离和全球空间再配置之间的关系。

2001 年，格里芬在分析全球范围内国际分工与产业联系问题时，提出了全球价值链的概念。全球价值链的概念提供了一种基于网络、用于分析国际性生产的地理和组织特征的分析方法，揭示了全球产业的动态性特征。具体采用哪一种价值链模型，需要根据企业的实际需要来确定，比如，是否更关注上下游的关系等。这种模型的建立往往不是企业自身就能简单确定的，可能还需要一定的咨询或者学习过程。波特价值链如图 5-1 所示。

价值链主要包括基本活动和支持性活动，基本活动是指主要生产过程，支持性活动则是指对基本活动起辅助作用及维持企业基本运转的各类活动。实际使用中不必完全一模一样地进行照搬，因为波特价值链一看就知道其偏重于制造业，偏重于生产类型的企业，对于服务业而言就需要进行适当的变形。

其实，价值链主要描述的是企业价值的创造过程，引入价值链分析主要是为企业横向审视自身的业务能力提供分析框架。因此，价值链如何设计完全可以是个性化的，只要确认能够符合企业的特点，覆盖其价值创造过程即可。比如，极度简化的价值链设计，也可以将支持性活动整合后并入到基本活动中，形成只有一个维度的价值链。

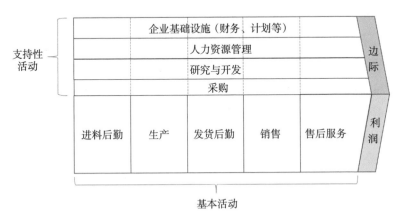

图 5-1　波特价值链

5.2　行为分析：业务领域和业务流程

1. 划分业务领域

搭建好价值链这一"横轴"之后，就可以基于价值链的各个环节分析多个"竖轴"了。科学地讲，业务领域的划分取决于企业的战略和价值定位，也就是打算为哪种类型的客户提供哪种类型的服务或产品，比如，银行为个人客户提供金融服务，这就产生了个人金融业务线，其中会包含存款、贷款、金融市场、非金融服务等各种具体业务。而如果觉得这样划分依然是粒度太粗，那么很有可能就会将私人银行这类高端客户服务独立出来，为其设计的一些特殊业务功能可能不会为普通客户提供服务。

划分领域其实包含了两种方式，从客户出发和从产品出发，选择哪一种，需要根据企业的特点以及企业更关注什么来决定。还以银行业为例，银行业有不少产品是同时适用于个人客户和企业客户的，因此，从客户出发，很多产品会有交叉；而从产品出发，则会避免这一问题，毕竟业务系统的设计大多数还是以产品为主线的。但是需要注意的是，这里指的不是具体的某一个产品，而是一组同类产品的集合，比如存款、贷款、托管、资管、投行等，而不是活期存款、定期存款、通知存款这种更细的产品维度。选好维度之后，就有了横轴（价值链）和纵轴（业务领域）两个维度，接下来就可以开始分析业务流程了。

2. 分析业务流程

业务流程的分析实际上是将一个业务领域中的所有业务处理过程按照价值链约定的范围进行分解，形成每一个价值链环节中的一个或者多个工作流。具体每一个工作流程的设计可以采用常见的 VISIO 设计工具，既可以遵循 BPMN 语法标准，也可以采用其他制作工作流的语法标准。但是需注意的是，整个企业必须统一采用一种语法标准，否则将会无法进行企业级整合。

以 BPMN 语法为例，一个工作流在 BPMN 语法中称为一个活动，每个活动都可能会有多个不同的角色共同参与，具体会涉及哪些角色就又会涉及企业的组织结构了。每个角色在活动中承担的职责称为任务，其实工作流的分析重点在任务上，活动的范围并不是那么严格，甚至不是非常重要的，在 BPMN 语法中，活动之间是可以靠事件串接起来的。既然能够串接在一起，那么范围（或者说流程图的长度）就不是特别重要了。我们甚至可以将一个业务领域中不同价值链环节下的所有活动都连接成一个特别复杂的活动，只不过这样做可读性会非常差。

所以，在操作上，还是建议活动尽可能限制在每个价值链的范围之内，而每个价值链内包含多少个活动则可以自由一些，可参照对业务场景的需要进行划分。业务流程的分析重点在任务上，因为任务在后续的设计中对功能、业务组件内部结构的影响比较大，关于这点后文还会进行详细介绍。一个常见的 BPMN 工作流如图 5-2 所示。

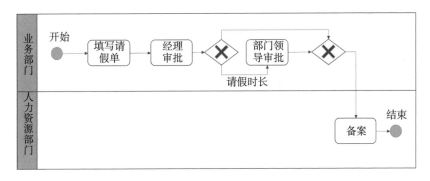

图 5-2　采用 BPMN 语法分析的请假审批流程

3. 小结

业务领域其实是企业确定以某类产品服务某类客户的一个业务范围，在建模上，其表现为：为实现这一价值定位，企业在整个价值链上的各种业务活动的有机结合。一个业务领域实际上就是由一组业务活动构成的，业务活动中的角色和任务，体现了所有参与到价值创造过程中的组织单元的分工协作关系。

需要注意的是，这一阶段完成的模型通常是不够准确的，因为还没有经过"精炼"的过程，其对企业级设计的贡献还只是个开始。在对业务领域及流程的分析中，还需要强调的一点是，别在忙于细节时忘了大方向。业务架构设计是从企业战略开始的，分析到业务领域这一层级时，要将战略分析过程中梳理出的能力需求落实到工作流中，要时刻提醒自己，业务领域内的活动是否能够有力地支持战略的实现，是否能够有效地服务客户，是否能够有效地应对行业竞争，也就是先进性的衡量。将这三个问题如同曾子三问一样来看待，"日叁省乎己，则知明而行无过矣"。

5.3　数据分析：企业级数据模型

5.2 节概述了流程建模的过程，流程建模其实"一言难尽"，需要不断地练习、摸索，自己总结套路，也就是之前所说的，模型质量严重依赖建模者的经验。软件设计主要研究的是行为和数据，流程模型分析了行为，数据模型当然就是要分析数据了。数据模型在很多系统分析、软件工程的教材上都有介绍，所以笔者在此不再赘述三范式之类的数据建模规则，而是重点讲述企业级数据模型。

提起数据模型，技术类读者的第一反应可能就是 ER（实体关系）图，实体关系图是我们做关系型数据库设计的基础。实体关系图是按照对业务对象的划分，将数据属性按照实体聚类，并描述实体间的关系，从而指导程序设计和数据库设计。

我们做 ER 图通常是面向单个系统进行构建的，而在构建企业级数据模型时，就需要横向分析所有业务领域的 ER 图，所以，我们需要以一种总体结构首先建立分析框架，比如金融类企业常用的 FSDM

（Financial Services Data Model），它是 IBM 的一个企业级数据模型，囊括了银行约 80% 的业务数据。FSDM 将数据分为九大类，分别是关系人、合约、条件、产品、地点、分类、业务方向、事件、资源项目，具体定义如表 5-1 所示。

表 5-1　FSDM 九大领域简介

分类名称	简称	定义
关系人	IP	银行各项业务开展过程中的相关各方，个人、机构、柜员
合约	AR	参与者之间达成的合约、合同、协议等
条件	CD	描述银行的业务正常开展所需要的前提条件、资格标准和要求
产品	PD	产品是为客户提供的、以换取利润的产品和服务，产品也包括合作伙伴或竞争对手的产品和服务，是金融机构销售或提供的可市场化的产品、组合产品和服务
地点	LO	参与人相关的所有地址，如家庭地址、公司地址、邮政信箱、电话号码、电子地址、网址等或地理位置区域
分类	CL	适用于其他数据概念的分类或者分组
业务方向	BD	银行或参与人开展业务所在的环境和方式
事件	EV	指参与人和银行的交互，以及银行内部的业务交互，它包含最详细的行为和交易数据，例如存款、提款、付款、信用 / 借记卡年费、利息和费用、投诉、查询、网上交易等
资源项目	RI	指银行有形或无形的有价值的资源项目，是银行拥有、管理、使用的，或支持特定业务目的的资源项目

表 5-1 所示的这个框架可以将数据实体、数据属性进行归类，形成统一的企业级逻辑模型。作为企业级模型，数据实体和属性都要保证唯一，做到这一点在建模中并不难，通过工具筛查就可以比较出名称、定义、取值重复的数据项，从而保证数据的唯一性。但是业务架构的重点在于生产阶段的管控，而非建模阶段。

生产阶段要通过数据管控平台或工具对数据字典进行严格管理，

未进入数据字典的数据项，将无法生成企业唯一的数据项 ID，无法在设计时被使用，从而达到"严防死守"一般的控制。这种对数据字典进行严格管理的方法虽然有点儿死板，但确实很有效。企业级数据模型说起来容易，做起来难，首先要对业务数据进行全面建模，再对生产进行严格管理，并对历史数据进行处理。

5.4　组件分析：行为与数据的结合

流程模型与数据模型是描述业务的一对"难兄难弟"，流程模型表达的是"处理"，数据模型表达的是"输入"和"输出"，合起来就是计算机的基本工作流，这在大部分软件设计方法论中都是共识。数据模型和流程模型的组合，可以清楚地描述出，什么样的事件或条件可以触发一组业务活动，业务活动需要的输入有哪些，业务流程的处理规则是什么，经过业务流程的处理，输出又有哪些。

如果将该业务系统化，就会变成如下的问题：实现业务活动的计算机程序是在什么样的场景（事件）下开始执行的，程序需要读取哪些数据（实体），依据什么样的顺序（活动）、规则（任务）由谁（组织、角色）执行，执行之后将会产生哪些数据（实体）。任务会直接处理数据，而这种处理通常可分为增加、修改、删除、查询四类操作。

一个业务领域是由一组活动构成的，而这些活动又是分布在价值链的不同环节中。如果粗糙地划分业务组件，则将每一个价值链环节设为一个业务组件也未尝不可，不过这样做未免有些"偷懒"了。对于业务复杂的大型企业而言，组件的内聚性一般都很差，所以我们需要进行更为精细的划分。数据模型包含主题域这个层级，即将关系较近的数据实体聚合成一个分类,对于这种关系我们可以给出一个主题名称。比如,当按照产品划分主题时,FSDM 中的产品分类下就可以建立一个"存款"主题域,将存款业务相关的数据实体放入其中,并使用 ER 图的方式进行表达。

在软件设计上,通常会考虑将关系较近的数据实体聚合在一起,按照行为接近数据的原则,再将相应的功能聚合成一个组件。从业务模型的角度来看,就是按照主题域划分边界,将与主题域内实体相关的任务聚在一起构成业务组件。聚类过程中需要注意如下几点事项。

第一,数据关系中存在一个主题域引用另一个主题域的数据实体的情况。比如 A 主题域引用了 B 主题域的数据实体,在对 A 主题域进行任务聚类时,不会考虑将 B 主题域中被引用的数据实体相关的任务聚类进来,因为它们应当由 B 主题域进行聚类时考虑将其聚合起来,这样做可以保证在企业级业务系统中,数据生成职责的唯一性,这是应用企业级数据模型时非常重要的一点。

第二,与数据实体相关的任务主要是指对数据实体进行新增、修改、删除的任务,对同一数据实体进行新增、修改、删除操作的任务应当归属于同一组件,这也是一个标准化的过程。只有这些任务具有数据的写权限,而其他任务只具有读权限,这也是保证企业级数据一致性的重要措施。实际设计中也会出现必须要建立主副本的情况,这时,主本数据是主要设计方,副本数据的设计方必须考虑如何保持与主本数据的一致性。

上述原则将在一定程度上影响任务边界的划分,因为在任务中要表达对不同主题域数据实体的写操作,因此就需要将任务切分开,或者也可以直接复用其他组件中已有的对该数据实体进行写操作的任务。表达上，当然是切分开或复用任务最好，甚至还可以复用活动，但是在实际建模过程中则要具体问题具体分析了，这一方面是建模的问题，但另一方面其实也是应用模型过程中很重要的一个环节——解读模型的问题，如果两者比较统一，那么模型具体长成什么样子就不必太纠结了。所以，到底应该如何处理，应同时取决于这两方面的情况，需要考虑的是"通用语言"是否真的建立了。

熟悉 DDD 的读者可能会问，任务与实体的关联主要是基于对实体的增、删、改操作，这是不是有点"贫血模型"的意味？其实不然，流程对数据的更丰富的处理规则可以包含在任务的描述中，因此这绝不是一个"贫血模型"。此外，IBM 公司的 CBM 理论对研究业务组件的划分也是很有指导意义的。虽然本书介绍的方法与之有所不同，但是目标毕竟是一致的，思想上也可以称为"同源"，建议读者自行阅读研究。

企业级数据模型与企业级流程模型相互支持，而其中最重要的概念都是企业级。企业级在操作层面上，说到底是一个标准化问题，关于这一点我们将在第 6 章详细阐述这个问题。

5.5　业务架构的整体逻辑关系

回顾前面几节的内容，业务架构的设计包括：价值链、业务领域、业务流程（即活动、任务、角色）、业务数据和业务组件 5 个关键元素。

价值链代表了构建企业能力统一视图的"横向"结构，每个价值链环节中均包含了若干个业务流程；业务领域代表了构建企业能力统一视图的"纵向"结构，描述了各类业务流程应如何通过组合实现领域级的业务目标。

业务流程即业务活动，业务活动是由不同角色分别完成的若干任务组成的，任务执行过程中其必然与业务数据发生联系。数据主题域可以将关系紧密的数据进行聚类，再将与数据关系紧密的行为（也就是任务聚类），形成包含行为和数据的业务组件，组件代表了企业的某一类业务能力。

从下往上看，业务组件中业务能力通过任务与活动的关系、活动与领域的关系，表达了对业务领域的支持，这就开放了企业在每个价值链环节中的所有能力。

以上是企业级业务架构的整体逻辑，上述内容可以用图 5-3 表示。

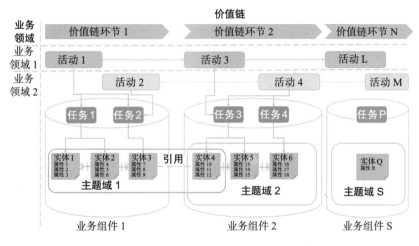

图 5-3　业务架构整体逻辑关系图

如果能在设计及后续迭代过程中多注意对任务的企业级分析和对

组件能力的开放共享，避免因组件能力与主要应用部门间的关系产生
对其他应用的自然壁垒，则图 5-3 所呈现的业务架构逻辑，可以支持不
同领域的不同活动对同一任务的自由复用，也就是常说的企业级能力
复用。尽管本书之前的分析其实一直在尽量避免出现活动层面跨价值
链环节的复用，但是这并不是代表排斥这种情况的出现，一切还应视
实际需要而定。

　　对任务边界进行长期的企业级打磨，最终会使组件能力的内聚性
增强，职责更集约，从而能够更好地封闭变化，开放调用。对于企业
级设计而言，数据在组件间是可以根据需要自由流动的。当然，这种
流动也是建立在企业级数据模型对数据的统一定义的基础上的。组件
不能成为过去竖井式开发的"子系统"，互不"买账"，互联互通才是企
业级的特征。

| 第6章 |

业务架构的设计难点

　　企业级业务模型的建设离不开标准化过程，因为做企业级模型需要横向对比分析企业的所有业务领域，以期在设计上实现"以更少支持更多"，这是大多数企业级系统建设或者企业级转型工程的目标，希望能够同时实现快速的灵活响应和减少重复开发这两个目标，这个愿望是非常美好的。关于对这一点的体会，本书后面的章节还会详细讲述，现在还是先讨论一下实现这一目标时，业务架构设计所面临的最大难点——标准化工作。

6.1　基本的标准化方法

　　业务架构模型的标准化包括数据标准化和任务标准化两个部分。

1.数据标准化

标准化最重要的是数据标准化。数据建模中曾经提到过，企业级数据模型要保证数据实体和属性的唯一性，这样就不会产生重复的概念，重复的概念会造成数据的"同义不同名"，影响数据的使用和统计结果。数据模型的唯一性从工具角度来说比较容易控制，通过对定义、取值的比较，能够筛查出许多概念问题，但是有些定义问题依然是不易发现的，这就需要通过与流程模型的配合，从语义层面逐一澄清了。

2.任务标准化

任务的标准化其实很难操作，因为没有非常严格的标准可以用来做判断，而且，任务标准化也是切忌"机械"操作的。任务标准化的基本过程具体如下。

（1）将流程模型与数据模型进行语义对接

如果大多数的数据概念重复问题已经通过工具筛查、语义分析解决了，并且数据实体和属性基本保持唯一，那么这时就可以将数据与流程对应起来，对应的主要方式就是识别任务需要使用的数据实体，包括读和写两类。这种对接需要更多地从语义方面去理解流程和数据的关系，而不是简单地执行流程与数据之间的关系"勾挑"，要通过语义分析判断任务、数据实体的颗粒度是否合适。

（2）分析重复的业务动作

在数据与流程的对应过程中，经常会遇到多个不同的任务都想要对同一个数据实体在不同时间进行写操作的情况。比如，个人客户初次到某个银行存钱，申请银行账户时，银行要建立客户的信息，包括姓名、证件类型、证件号码等基本信息，同时还会包括电话等联系信息，或者邮寄地址等地址信息，这时的整体业务场景是存款。而当客户过了一段时间之后再次来办理业务时，联系信息可能会发生变化，这就需要更新客户的信息，但是此时的场景有可能会发生变化，客户不是来存款的，而可能是来购买黄金，从业务的角度看，这就是两个不同的业务领域了。

在进行企业级标准化以前，在存款和实物黄金的业务领域中对客户信息的建立和修改完全有可能是两者各有一套流程，可能是任务级别的重复，也能是在不同的任务中包含的内容上有重复。实际上，以前做竖井式开发的时候，这种重复是很常见的现象，每个业务系统都是独立的、完整的，都各自有一套客户信息，这些信息不仅重复，最重要的是经常会不一致。当我们通过企业级数据模型去除重复的数据概念之后，任务与实体之间的写操作对应关系，可以清晰地发现重复的操作。

（3）做出关于标准化的建模判断

找到重复动作之后就需要做出建模的决策，是分开建模还是将所有对客户信息进行写操作的部分集中到一起建模。这里还是参考 5.3 节中的例子，在 FSDM 提供的数据模型上，"关系人"这个分类中可以容纳与客户信息相关的所有数据，建模上可以将此类实体聚集在一个主题域下（可称作客户主题域），那么从企业级的角度也就可以将各业务领域中与之相关的任务或者涉及该操作的任务中的客户信息部分全部抽离出来，集中起来组成一个组件，而其他领域的任务经过调整后，将不再包含此类内容，这样就完成了一个标准化过程。

6.2　避免"过度整合"

上述操作是相对较为简单、清晰的标准化过程，还有些标准化过程则更难以判断，可能会因此出现"过度整合"的问题。这种情况通常会出现在流程看似相近的业务领域，以及一个领域内部的多个产品之间，后者其实更难判断，因为一个业务领域内部的流程本就相近，会很容易让人产生"整合"的冲动，而且业务建模毕竟是一种"纸上操作"，分、合都是很容易的，调整下结构而已，同时整合对建模者来讲又有很大的吸引力。

为了避免这种错误，我们需要从业务和数据两方面下手，配合检查。业务上自然是要重新审视、理清业务流程，搞清楚具体差异；而数据上则要重新检视数据实体划分的颗粒度是否正确，是否因为包含的属性太多而导致内聚性不够。若数据实体的颗粒度太小，则会放大业务差异；而若颗粒度太大，则会抹杀业务差异；二者都会导致不合理的标准化结果。流程模型与数据模型之间的语义互查是进行合理标准化的关键，同时这也是一个反复锤炼的过程。

6.3　何以解忧，唯有"融合"

尽管标准化问题很重要、实现起来困难重重，但很不幸的是，并没有什么很好的方法能够帮助各位快速解决问题，这就又回到了之前所说的，模型质量严重依赖建模者的经验，除了经验之外，还要依靠高质量的建模输入，既要包括完善的业务资料，更需要有丰富经验的业务人员，仅看资料是学不会业务的，尤其是业务中经常会出现"临时情况"。

业务人员与技术人员融合得越好，就越能产生高质量的模型和系统，这也难怪高盛、大摩这些金融机构中数字化转型的坚定执行者，会引入占员工比例约 15% 甚至 20% 的技术人员，并直接派驻到业务部门与业务人员共同工作。相比之下，国外金融机构技术人员占比一般不足 8%，国内通常为 4% 左右，近几年才刚刚有所增加。目前似乎也可以说，除了科技企业，其他行业中还很少有哪个企业真的达到了与信息时代、数字化时代相称的人员结构。

尽管标准化的过程很痛苦、自身又似乎很不"标准"，但是因其对企业级业务系统的构建意义非凡，因此，所有做企业级转型、希望建设企业级业务系统的企业和开发者，都必须认真对待这一过程，尽管这一过程未免有点"纸上谈兵"，但它的优势也正是在这里。这一阶段的任何调整其代价都是极低的，而不合理的设计一旦传导到开发上，就将产生高昂的纠错成本。

对于大型复杂系统而言，因其面对的问题域异常庞大，所以需要一套清晰的业务与 IT 的架构映射关系指导企业的持续建设，这就如同人们对地图的需求一样，只有践行标准化才能提供一张准确的地图。这种标准化也是识别中台能力的基础，就算是阿里巴巴的中台，也应当是在技术人员与业务人员的不断融合、反复的标准化与去重过程中沉淀下来的。

第7章

虚拟案例：商业银行业务架构设计

从实际操作的角度来讲，企业级业务架构设计及其建模过程是一个充满可能性和争议的过程，并没有一个直观的量化标准能够用于判断一个架构方案的好坏，本章将通过一个虚拟的例子来体会一下这种"难以标准化"的标准化过程。

假定为某商业银行 A 设计企业级业务架构，为了集中感受组件和标准化的过程，我们跳过战略分析，不导入更多的目标，只是比较单纯地从简化的现状入手，推导可能的目标架构。

7.1 价值链设计

假定只分析存款和贷款这两项读者耳熟能详、无论做没做过银行系统都能基本了解的业务，并且假定产品只面向对公客户。首先派出我们的架构设计团队，设计团队的组成人员最好是具有丰富项目设计、实施经验的人员，了解业务分析、数据分析、架构设计，并由设计团队与业务人员（或者称为需求方）共同组成工作团队。

团队组成完毕，按照套路，既然是做企业级，那就先设计其"横轴"——价值链。我们先暂定 A 行的价值链由 5 个环节组成：产品设计、客户营销、运营管理、风险控制、统计分析。5 大环节所包含的内容具体如下。

- 产品设计主要是指金融产品上市前的设计过程，包括分析客户需求、开发系统、配置参数等。

- 客户营销则包括客户信息管理、细分客户、销售产品、签订合约等。

- 运营管理一般是指需要后台集中处理的业务或者配送服务。

- 风险控制是银行业务的重点领域，通常需要考虑各类风控模型的设计、风险视图的构建等。

- 统计分析是指各类报表，包括业务报表、分析、监管报表等。

这 5 大环节基本上可以构成金融产品从设计到销售再到售后管理的完整过程。从这 5 部分的定义可以看出，价值链侧重于划定业务环节，并分析环节所包含的业务能力。由于是虚拟案例，因此我们只考虑前 2 个环节的简化分析，而不展开整个价值链。

7.2　存款领域的模型设计

设计了价值链之后，我们先从存款领域开始分析。

1. 产品设计环节的分析

存款领域的"产品设计"环节可以先定义一个活动，称为"设计上架产品"，其大致流程如图 7-1 所示。

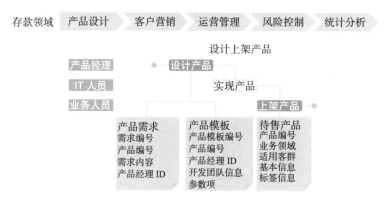

图 7-1　存款领域产品设计流程图

在这个活动中共包含 3 个角色：产品经理、IT 人员、业务人员；这 3 个角色分别需要执行 3 项任务：设计产品、实现产品、上架产品。

产品经理负责分析产品需求，设计并运用产品模板为业务部门整理业务需求，并提交给 IT 人员进行开发。这个岗位在不少银行的开发团队中其实是需求分析岗位，但某银行确实具有此类岗位。产品经理设计好产品模板之后交给开发团队，由于实现产品的过程非常复杂，因此，在业务模型中可以用一个虚拟的任务来代表。

开发完成后，业务人员添加关于产品的基本信息、标签信息等，做上架前的最后配置，配置完成后该产品就成为一个待售产品，可以随时出售。这个活动中，我们主要关注产品需求、产品模板、待售产品这3个实体，前2个由任务"设计产品"创建，最后1个由任务"上架产品"创建。

2. 客户营销环节的分析

营销中我们通常会遇到"获取新客户""维护老客户""存款"这3个活动。第1个活动当然是面向银行刚刚招揽来的新客户，第2个活动则是已有的存量客户信息发生了变动，第3个活动就是营销的目的了——拉存款。这3个活动的简要情况如图7-2所示。

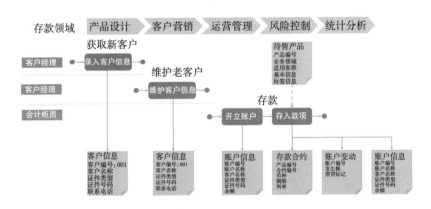

图 7-2　获取新客户、维护老客户、存款的简要流程

对公客户信息在银行，尤其是规模较大的银行中通常是由管理客户的客户经理负责录入，一般来说是无须审核的。客户信息发生了变动自然要维护，比如联系信息。这两个活动都可以只包含一个任务，至于是否分成两个活动，则要取决于建模习惯。当然，合并成一个活

动就需要更改活动的定义和范围了，毕竟这两个活动中的任务都是在围绕着同一个实体做文章，"录入客户信息"是创建"客户信息"实体，"维护客户信息"是变更"客户信息"实体。

客户信息建好以后，即可进入业务办理过程。客户到会计柜台去开立对公存款账户，开户是一个麻烦的过程，要审核许多证件。为了简化这里我们暂且略过这些内容，仅关注"开立账户"任务对"账户信息"实体的创建。完成账户开立之后，就是存入存款了，无论客户是存活期还是存定期，都是与银行建立了一个"存款合约"，代表了一种债权债务关系，而合约主要记录的要素其实来自于我们在上一个环节中创建的"待售产品"。因此，"存入款项"这个任务读取了"待售产品"实体，将其实例化建立了"存款合约""账户变动"这两个实体，由于余额的变化，该任务还变更了"账户信息"实体。

以上这两个价值链环节的分析虽然简单，但也包括了银行业务的基本过程：设计金融产品、营销客户、销售产品。由于是企业级设计，因此我们先不急着分析组件结构，可以在分析完贷款领域之后再做决定。

7.3　贷款领域的模型设计

1. 产品设计环节的分析

从产品设计的抽象流程来看，存款与贷款这两个领域在产品设计过程上并没有太大的差别，只是产品结构、参数项和功能上的差异。因此，从业务模型的角度，二者在设计阶段可以共用一套模型，如图 7-3 所示。

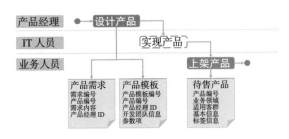

图 7-3　贷款领域产品设计流程图

若将开发过程剥离出去，那么负责产品设计的组件就可以是企业级的，其核心是产品配置的管理。

2. 客户营销环节分析

接下来进入"客户营销"环节，其中"获取新客户""维护老客户"与存款领域的过程是一样的，区别在于销售产品上，如图 7-4 所示。

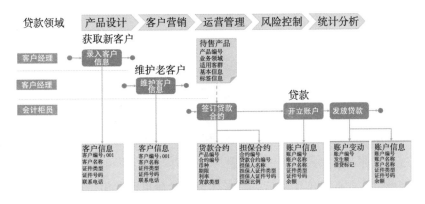

图 7-4　获取新客户、维护老客户、贷款的简要流程

让客户签订贷款合约是我们的"终极目标"，但是贷款不同于存款，客户要提供一定的保证，保证通常包含抵押、质押、担保等形式，对公客户中，非常优质的客户也可以采用信用贷款的形式，而不用提供任何保证。本例中我们假定是由其他客户为该客户提供了担保，在贷款合约之外签订了附属合约——担保合约，合约中记录了担保人信息、担保比例等。对公贷款通常是签订贷款合约之后再开立贷款账户，然后才是发放贷款。数据实体就不再一一介绍了。

7.4　跨领域的标准化

如果不涉及企业级，就是竖井式开发了，那么这样两套业务模型就可以分别使用了，可以各自构建一个业务系统；但是如果要做成企业级，就需要将两套业务模型放在一起分析了。

1. 产品设计环节的标准化与组件分析

对于"产品设计"环节，我们之前已经分析过了，可以放在一起，这样就有了一个"产品管理"主题域，其包含"产品需求""产品模板""待售产品"3 个实体；处理这 3 个实体的是"设计产品""上架产品"这 2 个任务，后者可以聚合成"产品管理"组件。这样我们就可以根据数据关系的紧密程度将与之相连的任务设计成组件，这个组件的定义和范围就是对这些任务和实体的概括。

2. 客户营销环节的标准化与组件分析

按照上文所讲的方法进行类推，"客户营销"环节中，"客户信息"实体可以构成"客户"主题域，而"录入客户信息""维护客户信息"

则可以聚合成"客户信息管理"组件，但是事情并没有这么简单，下面我们开始进行贷款和存款领域主要差异的分析。

（1）担保合约带来的差异

担保合约中的担保人信息与客户信息非常类似，维护需求也比较类似，而且这种维护可能会造成不必要的担保合约的变化，因此可以考虑将其从担保合约中剥离出来。但是直接交给客户信息实体处理在概念上又不合适，因此，这里需要增加一个"角色信息"实体，专门用于记录客户在银行中不同业务领域可能承担的不同角色。

但是这样做的话，原来的"客户信息"实体再称为客户信息就有些不太合适了，所以我们可以在抽象程度上上升一格，将其改为"参与人信息"。这个实体应当是一个"客户"，在银行系统中有且仅有一个，并且是与具体业务无关的，其在各种业务中承担的角色由"角色信息"实体来记录，这样做也有利于为"客户"构建更为完整的全景视图。下面以一个比较容易理解的比喻来进行说明：一个初创企业的领袖——董事长兼 CEO，其实是同一个人，但是拥有两种不同的身份、担负着不同的职责。所以，将他本人定义为"参与人"，而将他所担任的两个不同职务定义为"角色"，可能他还会兼任了 CTO，那么我们可以很方便地从他本人的信息出发，看看"角色"实体记录了哪些角色，而不用将董事长、CEO、CTO 的个人信息拿过来比较看是不是同一个人。当然，这种抽象不是一成不变的，其取决于实际需要和系统建设目标。优化后的流程图如图 7-5 所示。

（2）工作流带来的差异

在工作流的顺序中，存款开户在前，签约在后，贷款则相反。从实际业务中考虑，首次开户时，开户和存入款项的顺序一定是开户在前，贷款实际上也是开户在前，涉及记账的放款在后；除去首次开户之外，存款和贷款都是利用已有的账户存钱或放款，而不需要考虑开户的问题。因此，不考虑合约时，两个领域间的流程也是可以整合的。

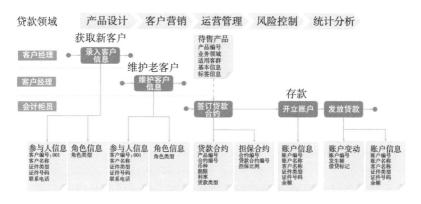

图 7-5　第一次优化后的获取新客户、维护老客户、贷款流程图

那么引入合约之后呢？其实这就遇到了企业级设计中很常见的一类问题，涉及跨领域整合时，流程可以进行调整吗？这个问题不是指建模能不能更改，在图上更改当然很容易；而是指实际业务能不能更改？愿不愿意更改？有的时候读者会觉得，既然都决定做企业级了，那就如同有了"尚方宝剑"了，实际工作中还真未必是这样，想想前文中列举的综合积分的例子。如果不能合理解决利益分配的问题，那么即使是企业级也不是那么容易就能做到的。

回到当前的例子，我们可以设想，将存款合约部分从"存入款项"任务中分离出来，考虑建立一个签订存款合约的任务。实际执行过程中，客户对这点变动其实是无感的，毕竟无论是开户在前还是签订存款合约在前，客户都是提交了申请之后就在柜台前等待，是柜员在进行一系列的操作。那么对于柜员而言呢？如果是账户开立在前，那就意味着不管客户存活期还是存定期，都是先审核开户资料，再选择存款产品。如果签订存款合约在前，那么就是客户先选择存款产品，建立合约信息。如果系统发现客户尚未开户，则会弹出开立账户的界面；或者在存款签约界面中直接嵌入开立账户的功能，如果客户没有账户，则展开这项功能；如果有账户，这部分就不展开。也就是说，其实是可以调整流程的，因为存款流程与贷款流程基本类似，因此具体的流程图我们就不再给出了。

7.5 组件设计

根据上述过程描述，我们可以将数据实体"贷款合约""存款合约""担保合约"都放在"合约"主题域下，而将与之相关的"签订存款合约""签订贷款合约"任务聚合成"合约管理"组件；将数据实体"账户信息""账户变动"放在"账户"主题域下，而将与之相关的"开立账户""存入款项""发放贷款"任务聚合成"账户管理"组件。业务架构设计如图 7-6 所示。

这只是一种设计方式，我们也可以根据客户实际需要等其他因素变更设计。比如，将"存入款项"和"发放贷款"中的记账动作分离出来，增加一个"记录账务"的任务，这样"存入款项"和"发放贷款"将更加关注流程，也就是"交易"，而"记录账务"则会更加关注记账。于是账户管理组件中就会变成"记录账务""开立账户"2 个任务，而在合约管理组件中填入"存入款项"和"发放贷款"2 项，这样做就延长了合约管理的范围。更进一步地，如果并不关注企业级合约管理，更关注的是产品级的合约管理，则可以将合约管理组件拆分成存款和贷款 2 个组件，存款组件下放入"签订存款合约""存入款项"2 个任务，贷款组件下放入"签订贷款合约""发放贷款"2 个任务。

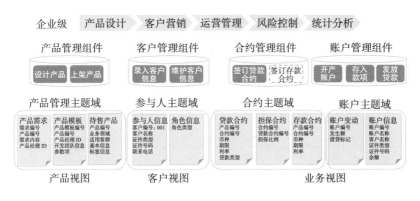

图 7-6　组件划分示意图

可见，根据关注点、设计思路的不同，架构设计也会发生变化，并没有绝对的对错之分。此外，上述划分方法产生的组件，是不是也有些类似于中台呢？我们可以清楚地看到一个用于今后中台沉降过程的起点。让我们再次将业务架构图按照之前的整体逻辑图重新描绘一次，体验下企业级的感觉，如图 7-7 所示。

由图 7-7 中，我们可以清楚地看到如下总结的企业级业务架构设计结果。

1）企业唯一的价值链结构：产品设计、客户营销、运营管理、风险控制、统计分析。

2）依据价值链展开的 2 个垂直业务领域：存款、贷款。

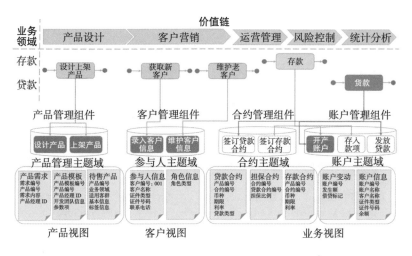

图 7-7　企业级业务架构的逻辑关系示意图

3）在 2 个垂直业务领域中共用的 3 个业务活动：设计上架产品、获取新客户、维护老客户。

4）在 2 个垂直业务领域中共用的 5 个任务：设计产品、上架产品、录入客户信息、维护客户信息、开立账户。

5）基于数据主题域聚类任务后构成的面向各垂直业务领域开放自身能力的 4 个企业级业务组件：产品管理、客户管理、合约管理、账户管理。其中，产品管理处于价值链环节"产品设计"之下，其余则位于价值链环节"客户营销"。

通过观察上述设计结果，读者也可以体会到业务架构设计与产品设计、需求分析的主要区别。业务架构更关注的是企业的整体设计，是典型的"不谋全局者不足以谋一隅"。如果再加上对战略的分析，就可以形成以战略为导向的整体企业能力规划，这种分析方法非常适合于做企业转型规划，尤其适合于传统企业进行数字化演变。企业既可以根据这一设计结果启动整体转型，也可以在通盘考虑的基础上进行试点建设。

7.6　案例总结

本章的例子是为了说明问题而虚拟的案例，实际业务场景比该示例要复杂得多，但是通过这个简单的模拟案例，我们可以认识到如下几点结论。

1）业务架构设计并没有简单的衡量标准。

2）设计思路和关注点对架构方案有很直接的影响。

3）架构设计需要反复进行迭代，虽然这不是我们所情愿的，但是实际操作中这是不可避免的。

4）基于第3点，架构师的经验很重要，可以减少反复次数，尤其是关键设计的反复迭代。

架构设计是一个不断精炼和确认的过程，上文提到的过程对于业务人员而言并不难理解，因此，需要架构人员、技术人员在设计过程中努力"培养"客户，创造一个深度融合的机会。而且上述设计思路对于业务人员日常分析自己的工作环境、设计工作方案、改进工作流程都有帮助，是一种可以跨越 IT 边界的工作方法。对于这一过程的投入，业务与技术是双赢的。

| 第三部分 |

业务架构落地篇

业务架构设计本身就不温不火，企业级业务架构的落地就更算得上"稀有罕见"了。眼看中台模式进行得轰轰烈烈，相信不少读者在读过了业务架构的设计部分之后，也对其落地充满了好奇。实际上，落地部分并没有什么神秘之处可言，如果设计得当，落地中更多需要的是决心和耐心，是对架构方法的灵活运用与实事求是。

从项目管理的角度来看，时间是项目的最大敌人。但从系统实现的角度来看，时间又能解决一切问题，包括企业整体对方法的理解和"通用语言"的形成。除了架构人员自身的不懈努力之外，时间也是你可以依靠的"盟友"。

| 第8章 |

从业务架构模型到业务架构方案

业务模型是对企业能力规划结果的结构化展示，是为了基于业务视角而统一企业级设计目标和认知。建模完成、架构清晰之后，就进入了模型的应用阶段，但是模型并不是直接就可以支付给开发过程的，还需要经过一些"转换"工作。

8.1 业务架构设计不是为了替代需求分析

经过之前的努力，我们终于建立了通过业务模型设计的企业级业务架构模型。在建模过程中，我们分析了企业战略、企业价值、组织结构、价值链、业务领域、岗位角色、业务流程、数据等一系列架构元素，经过模型化、标准化过程，最终形成了企业级业务组件、数据主题域的划分。业务架构设计并不是为了停留在纸上，而是为了实践，为了推动开发，尤其是面向复杂系统的企业级开发。但是，到目前为止设计的业务模型所能够表达的信息仍然是有限的，因此，在进一步讨论如何将业务架构模型应用于开发之前，还需要再次强调一下其定位。

按照之前的方式所做的模型是用来进行高阶设计的，从战略的角度出发，首先要分析企业的目标以及为实现目标所需要的业务能力，然后按照业务领域，将能力需求落实到实际的业务流程中，并根据架构设计方法，划分出能力组件，形成企业能力视图，这样就产生了高阶架构。但是，这个架构虽然分析得有条有理，却并没有精细到可以直接出 IT 设计方案的程度。也就是说，它只能明确企业级架构，而不足以替代具体的需求分析，它更关注的是企业视角的整体结构而非每一个细节。

企业级业务架构是一种规划，它要求 IT 设计继承这套结构，继续向下分解为 IT 设计元素。企业级业务架构是一座桥，业务通过这座桥以更加结构化、逻辑化的方式进入到软件过程当中。业务架构设计到当前这个层级是可以与实施之间保持一定的自由度的，即不完全受实施方式的约束。这种自由度是好事儿，可以保持架构的稳定和灵活；但也有其不利的一面，它与实施的结合离不开架构设计人员与实施人员的密切沟通，它不是一个无须解释就可以直接继承的设计。

8.2 制作业务架构方案

明确了上述定位之后，我们再来继续探讨业务架构落地过程的第一步，即将模型转化成业务架构设计方案。模型涵盖了很多东西，但是直接看模型可能不是一个非常好的选择，特别是做企业级项目，多个项目组同时开工的情况，如果将关系复杂的业务架构设计以模型的方式直接交付出去，必然会解读得千奇百怪，这是很自然的事情，"一千个人眼中就有一千个哈姆雷特"。所以，将模型转化为方案的过程实际上是一个导读和解释的过程，方案主要包含3个部分的文档：企业级架构方案的整体描述、分领域或分应用的方案描述、业务组件的方案描述。

1. 企业级架构方案的整体描述

业务架构方案中需要单独作为整体进行介绍的内容具体如下。

1）企业愿景、使命、目标介绍。

2）外部干系人介绍。

3）企业战略介绍。

4）企业战略能力介绍。

5）企业价值链介绍。

6）全部业务领域的整体介绍。

7）全部业务组件的整体介绍。

8）全部数据主题域的整体介绍。

9）企业整体组织结构的介绍。

其中，第1、3、4部分可以应用第4章的分析方法得出的分析结论；

第 2 部分则是对企业外部相关方法及关系的介绍，包括主要客户类型、合作方、监管机构、供应商类型等，而无须介绍具体干系人，属于抽象分析，用于各领域了解外部关系；第 5 ～ 8 部分只需要集中介绍各元素的概念与范围，而不需要阐述细节；第 9 部分则是对组织现状的介绍。虽然组织结构转型应当与企业级项目匹配进行，但是为了避免对后续文档内容的描述和阅读产生误导，应当只根据现状进行介绍，并不断基于组织结构的变更进行调整。此外，由于是企业级的整体描述，因此并不需要介绍到最小组织单元，介绍的颗粒度可以根据企业规模、维护难易程度自行把握。

对企业级架构方案的整体介绍可以单独形成文档，作为高阶概念向全企业传导。

2. 企业级业务架构方案的分领域描述

对于大型企业而言，如果业务架构方案不分领域进行详细阐述，而是一个大而全的文档一口气写到底，那将会产生很大的阅读障碍，因此，业务架构方案较为庞大时，应分领域详细介绍，这样也便于查阅。但是对于规模不大的企业，如果业务架构没有那么复杂，领域没有那么多，也可以不用拆分文档。

领域级方案描述应包括的主要内容具体如下。

（1）业务领域的目标、范围

本项内容旨在明确业务目标，即方案要达到的业务效果。如果目标比较宏大，则可以在总目标下分解出子目标或者分阶段的目标，以使 IT 人员能够理解具体的目标点、实施路径等。

（2）业务领域的外部干系人介绍

这部分属于领域级的干系人分析，旨在解释清楚各方与本领域的关系。

（3）业务领域的全部业务活动介绍

本项内容用于分价值链环节介绍每个环节下包含的业务活动、业务活动对应承接的战略能力、活动的触发、活动间的衔接关系。由于做业务架构建模时偏重于进行企业级的标准化，建模出的活动都有一定的独立性，因此，活动间的衔接关系就要在领域级方案中做重点说明。对于是否一定要按照价值链的方式组织业务活动的介绍顺序，并没有什么国际标准或行业习惯。但是一个企业内部最好统一采用同一种排序方式，以便于跨领域阅读架构文档。对于战略能力的承接，未必每个活动都会有很明确的对应关系，当然，这也与战略能力拆分到什么样的颗粒度，以及企业战略关注的重点有关。

（4）对部分任务的"降范"描述

由于任务在建模时是做过企业级抽象的，因此不排除因抽象导致任务描述的范围大于本领域实际需要的情况，领域级视角的不同可能会带来理解上的不便。如果企业项目实施规模较为庞大，对此类任务在解读上存在一定的困难，那么可以在领域级方案中对这类任务专门进行"降范"描述。这是一种可选模式，如果企业对业务模型的统一解读能力较强，则无须在业务架构方案中进行此类描述。

（5）业务组件协作关系介绍

本项内容采用高阶抽象的方式，在价值链视角下，介绍业务领域涉及的业务组件之间的主要协同关系。

（6）业务领域完整的实体关系图

本项内容将按照实体级别完整展示业务领域中涉及的全部数据实体及其关系。

（7）组织与角色描述

本项内容将按照组织结构统一介绍业务活动中执行各个任务的具体岗位、角色。

分领域的业务架构方案描述实际上是从应用的视角进行介绍的。对于较为复杂的业务领域，可能包含了多个关系较为松散的应用，比如银行中的金融市场领域，外汇、贵金属、利率等业务都可以形成不同的应用，那么同一个领域下还可以再细分为多个应用视角的业务架构方案，而不必全都混杂在一起，无故增加阅读难度。

3. 业务组件描述

业务领域与业务组件之间一般是多对多的关系，比如第 7 章所列举的虚拟案例中，存款领域所涉及的客户管理、账户管理组件和贷款领域就是共用的。IT 人员通常会按照应用视角组织项目，因为这样比较容易管理项目目标和处理协作关系，但是项目内部又会考虑按照组件乃至更细的功能边界来划分实施团队，这样处理更便于分工和组织。

所以，业务架构方案必须具备两种视角的表达能力，既能从业务领域视角形成组件的协作视图，以便于进行单个项目的组织；又能从组件的视角清晰地描述组件内部所包含的业务能力，从而方便整个企业集约化地实现和维护这些业务能力，企业级能力的整合是体现在组件视角上的。

业务组件描述的主要内容具体如下。

（1）业务组件的目标、范围

业务组件的目标和范围即业务组件主要支持的能力方向和边界描述。

（2）数据主题域的完整介绍

数据是业务组件聚类的基础，因此，业务组件的描述中应当包含属性级别的完整数据模型介绍，介绍中应当将本组件所负责的数据实体和引用其他组件的数据实体区分清楚。

（3）组件所包含任务的完整介绍

此处的任务就不需要再做"降范"介绍了，而是直接使用建模结果，同时任务介绍中要列明其做写操作的数据实体，即具有 C、U 关系的数据实体。至于业务规则、操作过程则无需详细列明（这点与业务模型建模时的要求一样），以降低文档维护量，提高稳定性。同时，这也代表了业务架构与需求分析之间关注点的差异。如果企业战略能力需求划分的颗粒度较细，可以直接分解到任务级，则应当在任务描述中标注其与细化战略能力的承接关系。

综上所述，文档制作是一件非常麻烦的事情，最好是采用工具支持文档生成。当然，这也意味着业务模型的设计过程最好也有工具支持，不然各团队、各小组每天发送各种版本的 PPT、表格等，只会对架构工作带来更多的无序。

写方案的过程中会大量用到定义、范围等标准化的描述，因此很多时候写方案看起来是枯燥的文字工作，甚至有些时候为了区分一些相近的概念，还会玩起"文字游戏"。但是，整理业务架构方案的过程其实是对业务架构设计的再次确认，而非单纯的图纸翻文案、做 PPT 汇报，一定要将这个过程当作是一次全面的模型质量检验来看待。

8.3　小团队的应对之道

上述内容较为完备，但是对于规模没有那么大，开发团队人员也没有那么多，"敏捷"组织方式优先的企业来说，它们一定会觉得这样的文档处理过程太过繁琐，"消费"不起，这是很现实的问题。

大型企业之所以有必要对文档制作提出较高的要求，也是"熵增"理论客观作用的结果。规模变大容易导致无序的大幅度增加，为了对抗无序，自然需要消耗更多的能量，文档就是消耗能量以抵抗"熵增"的一种方式。对于中小型企业而言，组织规模带来的"熵增"可能并没有那么大，对抗"熵增"也就不需要消耗那么多的能量了。这种情况下，重要的已经不再是文档了，而是"通用语言"的形成，即所有相关方共同形成的对模型一致的解读能力。

在具有一致解读能力的基础上，由于不用考虑规模导致的复杂度，因此也就可以专心于效率的提升，降低对文档的要求。但是，业务建模过程最好要有合适的工具做支持，除了提升协同效率之外，也可以方便对架构设计的快速查询。支持 BPMN 语法的流程分析工具大多都能提供良好的应用视角，但是，在此基础之上，有必要增加组件视角的统计与分析能力，这样，即便不产生文档，也可以具有较好的架构展示能力。

8.4 需要充分解释架构方案

业务架构方案做好之后，不能指望 IT 设计可以自然产生，还需要业务架构人员去做充分的解释来保证架构方案的传导，这里包含了如下两个方面的原因。

1. 建模过程并不能代替对架构方案的解释

读者可能会觉得，建模过程不是已经解决了各方对模型的理解了吗？既然已经理解了模型怎么还会不理解方案呢？

如果项目范围小、参加人数少，这自然不会成为大问题，但是若是在大型企业，数万人乃至数十万人的企业，按照管理学定律，沟通的复杂度是呈几何级数上升的。在大型企业中，直接参加项目的人是非常多的，而业务建模却不是一项所有人都会来参加的工作，事实上，建模工作一定是"少数人"的事情。如果建模完成之后，没有业务架构设计人员到项目中去以模型沟通需求、以模型宣讲企业级理念，那么模型的传导是极可能会出现"信号衰减"的。

2. 架构设计人员的缺位可能会导致方案失效

现实中很可能出现的情况是，作为需求提出方的业务部门和作为实施方的项目团队坐到一起，在双方对模型理解不一致或者对模型中某些地方解释不清时，如果得不到业务架构设计人员的及时支持，受到工期的限制，那么自然会倾向于双方直接协商需求。而这时的沟通结果与最初的建模很可能会存在差异，毕竟任何一个问题的解决方法都可能包含很多种。

如果这种差异在多个项目组中逐渐形成、累积，那么势必会造成业务架构的崩坏，最终结果可能是使企业级业务架构失效。而失效之后更麻烦的是，没有一个统一的视图能够对业务架构失效产生的"真空"进行有效地填补。久而久之，就会形成架构的紊乱，"通用语言"可能会变成"地方语言"，也就是业务架构只能"自说自话"了。

要想解决上述问题并不难，必须要求做建模的业务架构人员跟进各个项目组的概设过程或者敏捷过程，最好是能实地跟进。项目启动时，首先由业务架构人员以业务模型向参加项目的业务和技术人员统一解释项目目标、架构方案、业务需求，由参加项目的业务和技术人员共同理解。因为这时参加项目的人员很可能并没有参加过建模，对模型中的细节、建模中对原有业务基于标准化进行过的处理并不了解，需要业务架构人员再次统一思想。之后，再由业务人员和技术人员在模型框架下进行详细的需求沟通和功能分解，遵守基于模型产生的项目边界和分工。

8.5　努力打造"通用语言"

上文反复提到了"通用语言"的问题，为了提高业务架构方案的传导效率，必须努力将业务模型打造成"通用语言"。对于这个目标来说，除了坚持在项目中应用模型之外，以下两个方面也应当受到重视。

1. 培养合格的业务架构师队伍

业务架构师是业务模型的"嘴",他们是"通用语言"的教师和传播者,打造"通用语言"首先需要培养好业务架构师。

（1）坚持选用具有足够能力的人员

业务架构师虽然不要求一定要是技术出身,但是其工作也具有很强的技术性,所以,选用技术出身的人,更容易培养其与技术端的沟通能力。同时还应当选择具有多年丰富的业务系统架构设计经验,并且具有一定业务思维的人,而非简单地看是否具有技术背景。如果企业缺乏这方面的人才,也可以从业务端补充人员,但是培养过程中必须加强其对技术知识,尤其是系统分析与设计、软件过程等方面知识的学习。

（2）坚持长期培养

好的业务架构师要对业务、模型、开发都具备深入的了解和足够的知识储备,这样的业务架构师必须长期培养才能产生。他们不同于产品经理和项目上的架构师,其对企业需求的宏观把握能力只有通过长期的积累才能达到。如果不能确定企业是否会长期坚持这种策略,那就不要建立这样的固定组织,否则对从事该项工作的个人而言,也会造成极大的机会成本。

（3）坚持让其跟进项目而非只做架构设计

业务架构师要跟进项目以判断模型是否合适,在建模期间掌握的信息很可能是不足的,而到了实施阶段则会对细节有更多的讨论。随着信息的增加，包括对客观因素的考量，很可能会对原有模型进行适度地调整，只有跟进才能保证架构师不会在信息和落地方面被项目"甩"在身后。

2. 加强项目外的宣讲

应当在整个企业内部不断利用业务培训的机会，用业务模型去解释业务，使各条线的员工对整体的企业架构都能有所了解，对模型化、结构化的思维方式能有所了解。其实每条线或者领域的业务人员都会经常制作流程图，很多业务培训也是用流程图来进行的。那么在企业级项目建设的背景下，使用同一种建模方式对业务培训课件和项目宣讲方式进行统一，对"通用语言"的建设会有很大的帮助。

人是社会性生物，群体力量远胜于个体，而群体力量的发挥依靠的是明确的分工和有效的沟通。若沟通顺畅，那么不同族群的人也能一起将巴别塔修到天上；若沟通不畅，那么再伟大的工程也只能半途而废。企业级项目就是一类典型的巴别塔项目，需要在"通用语言"的建立上花费很多功夫。

| 第9章 |

基于业务架构方案的实施过程

从业务到模型再到方案只是一个复杂的"预备过程",开发才是读者关注的重头戏。那么基于企业级业务架构的实施到底是怎样的?

前文中曾经提到过,业务架构与IT架构之间是灵魂与容器的关系,后者承载着前者。业务架构是将业务能力经过企业级规划后传导给IT端,并不会限制IT的实现方式,事实上是IT需要适配业务架构的规划。因此,基于企业级业务架构的实施过程,其实是IT细化企业级业务架构设计,并基于企业级业务架构进行实施协调与管控的软件过程。换句话说,基于企业级业务架构的实施过程并不神秘,主要是多了企业级业务架构这样一个"指挥棒"。本章就从设计、项目协调和架构调整这3个方面介绍下这种实施过程的不同之处。

9.1 基于业务架构的设计

下面让我们结合第 7 章列举的虚拟案例介绍下基于企业级业务架构进行 IT 设计的大致过程。

1. 细化业务架构模型

基于业务架构模型进行 IT 设计,在具体方法上可以根据企业自身的特点和习惯去决定实施工艺,但是其过程在本质上是对业务架构模型的继承与细化。

模型为了更好地关注企业级设计,必然会对活动、任务进行适当的抽象,以减少对业务细节的表述,这样的模型可以让项目实施团队了解其标准化的核心以及功能复用方面的设计思路。但是在具体的开发中,实施团队需要了解到细节需求,这与建模过程有一些矛盾之处。

对建模而言,了解细节是为了有助于判断抽象的正确性和合理性,但是,建好的模型中却不能表达太多的细节,这些细节会让抽象表达变得混乱,而且,本书后面还会讲到,过多的细节也会让模型的应用过程变得笨拙,使维护变得艰难甚至不可能。所以,到了设计阶段就必须对模型表达的工作流再进行细化,这也是为什么业务架构的建模不能替代需求分析的原因。

设计阶段的细化其实就是基于业务架构方案的需求分析过程,过程允许对原有的工作流进行拆分或者重构。但是有一个前提,那就是新产生的元素必须基于旧元素,最好能够显性地标明继承关系,这样才能保证设计的连续性。

之前虚拟案例中的"获取新客户""维护老客户""存款"这3个活动，在实际设计中，如果存款部分和客户管理部分按照组件边界划分了项目组，那么存款项目组负责合约管理组件和账户管理组件，客户项目组负责客户管理组件。在这种情况下，需求分析或者开发人员很可能更愿意用一个较长的流程来表示应用视角，这样可以更好地描述两个项目组提供的功能在具体的存款业务场景中是如何衔接的，而重构后的流程很可能如图9-1所示。

现实场景中，对公客户经理录入客户信息时，很可能对方还只是潜在客户，或者客户当时并没有马上进行开户操作，而是隔了一段时间之后才开户，这时客户信息可能需要更新。如果是客户经理首先了解到需要变更客户信息，则会走上边泳道中的流程；如果客户直接去了柜台，柜员就会首先检查客户的信息，这时若发现需要更新，则可以走下边泳道中的流程，更新之后再开立账户。

2. 处理"新发现"

从图9-1中我们可以看到，原本没有"检查客户信息"这个任务，在最初的建模过程中，该任务是可以合并在开立账户这个任务中的，但是在细化流程阶段，则可以考虑是不是应该将其独立出来。是否独立取决于整体的架构判断，如果其他流程中也涉及了这种拆分，则确实可以调整企业级业务架构模型；如果不涉及或者很少有领域涉及，则可以将其标记为"开立账户"任务的衍生。这种细化可能会产生新的数据需求，设计新的数据实体，或者在原有的数据实体下产生根据某种维度细分的子实体。上述过程已经代表了对原有业务架构的一次迭代。

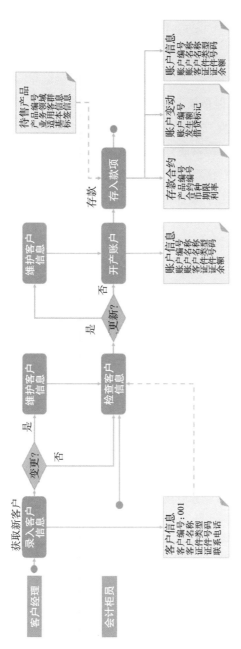

图 9-1　串接后的"长流程"业务架构模型示意图

3. 进行惯常的 IT 设计，但要建立一体化视图

根据细化了的、已经达到需求分析标准的业务模型，即可进行我们比较熟悉的设计用例、设计功能或者服务、分组开发、测试上线等一般性项目流程。但是基于业务架构的企业级项目很重要的一点是要建立各阶段工作成果之间明确的衔接关系，尤其是设计元素之间的联系，应建立"战略 – 战略能力 – 需求 – 活动与任务 – 细化活动与任务 – 用例 – 交易或服务"这样明确的关联关系，形成一个完整的、分层级的企业能力视图。当然，最好还应有架构管理工具进行支持，其参考逻辑关系如图 9-2 所示。

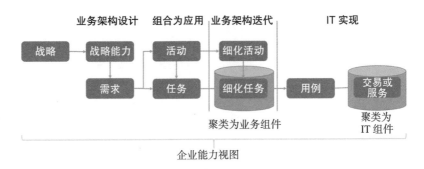

图 9-2　企业能力视图的元素及关系示意图

企业能力视图不能仅局限于业务侧或者仅到组件层级，而是应该延伸到最终的实现，业务与技术的深度融合是今后企业发展的大趋势。业务就是技术，技术也是业务，企业未来的作战地图必须是基于业务技术一体化的视图，而非分裂的视角。

4. 业务架构的桥梁作用

强调一体化，指的是二者在设计元素层面的联系，但是，业务架

构与 IT 实现方式之间是具有一定自由度的。因此，企业级业务架构设计的落地并非要有一种特殊的开发过程与之配套，其后对接的 IT 设计与分析方式可以是灵活多样的。此时的业务架构是 IT 过程的一种输入，其要约束的是 IT 的设计理念和实现目标，而非具体的设计过程与设计方法，后者可以更多地取决于企业自身的开发习惯与特点。业务架构在业务与 IT 之间的作用可以用图 9-3 表示。

图 9-3　业务架构桥

纷乱复杂的业务"理想"经过"业务架构桥"的梳理，将展现出其企业级规划的"秩序"，从而使 IT 设计更接近于业务的核心诉求和内在逻辑，而不受业务表象牵引。至于实现"秩序"的具体设计，则是"不拘一格"的。

由此，我们可以从设计的角度再来说说中台。中台其实也是一个持续规划和迭代的结果。如果抛开规模导致的技术复杂度来看，只要坚持企业级方向或者合理的领域级分治与协作，经过设计和沉降过程，产生中台业务规划只是一个必然的结果。每个企业都能找到符合自己特点的业务中台，而这个寻找的过程对企业而言将胜过中台这个结果本身。从企业级视角出发，也许能够找到比中台模式更适合企业自身特点的组件化结构，而不必执着于中台这种比喻形式。

9.2　基于业务架构的协调

"检查客户信息"这个任务的增加，还引出了企业级项目中很常见、很重要的一项工作——跨项目协调。这种协调是企业级项目进度的保证，也在一定程度上决定了架构的落地结果。

1. "新发现"惹的麻烦

业务模型在最初设计时是将任务归类给了各个组件，每个组件都包含了一定数量的任务和数据，从而构成了自己的边界，这个边界可以演化成各个子项目的边界。假定根据业务模型，企业内部已经完成了第一次协商，在向项目组下达项目计划时，各项目组已经暂时接受了所有项目的边界，那么，在进行需求分析的产生的这个"检查客户信息"任务应该归谁呢？

从流程图 9-1 中可以很明显地看出，系统读取客户信息数据做判断，生成判断结果，按照数据聚类来划分，"检查客户信息"这个任务应该归负责客户管理组件的项目组来实施，尤其是在多个领域都涉及这种拆分时，它的"企业级"属性看起来比较明显。

但如果涉及的领域很少呢？比如只有存款领域使用它，虽然图 9-1 中进行了简化，数据实体没有增加。但在实际需求中，如果要求它不但要生成屏显的判断结果，还要记录判断结果并生成推送信息发送给客户经理呢？如果这个推送信息又被视为运营和销售两个部门之间的沟通呢？数据会增加，而这些数据的归属似乎也是模棱两可的，不但是任务的"企业级"属性变得模糊了，就连数据的归属都有点儿模糊。

如果我们再引入一些常见的影响因素，比如，项目组的预算管理比较严格、项目组面临着工期问题、新加任务识别得较晚等，在这些因素的作用下，项目组对于这些调整很可能是不愿意接受的。毕竟企业级项目的一大特点就是，功能谁都能做，谁做了也都可以实现企业级复用，为什么就非得指定给某一个团队来做？

2. 考验的是保障企业级架构执行的人和制度

这是对企业级架构协调工作的考验。一方面是考验架构模型本身的质量，而更重要的则是考验人和制度。人所指的当然是业务架构师自身的设计和协调能力，架构师提出的调整方案是否具有足够的说服力；制度指的就是整个企业为企业级项目或者企业级转型提供的配套管理措施是否到位，项目组对企业级管控的执行是否给力等。

书中的案例是虚拟的，但在实际工作中，读者难免会遇到类似的情况。如果这类问题解决得不好，那么组件间的不规则"边缘"将会越来越多，而企业级项目的协调难度之大，甚至会令一些项目组望而却步。为了赶工，宁愿多干活儿、少开会，产生一些连架构层都不清楚的"违章建筑"，最终形成一个上下都说不清全貌的企业级架构。

3. 业务架构的解决之道

那么，企业级业务架构对解决上述问题能有多大帮助呢？笔者依据个人的经验认为，最大的帮助莫过于各方可以使用同一种"语言"进行协商。在进行项目协调的过程中，业务模型会很自然地吸引"火力"，它是项目设计的源头，向上追溯一定会追溯到模型这里，使各方不再只是"公说公有理，婆说婆有理"，为最终达成一致结论提供了有益的标靶。模型也是一种很好的、结构化的结论记录形式，比起"一纸文书"的会议纪要或者发个内部电邮，业务模型更容易让项目团队理解和执行。

读者可能会觉得，形成一个至高无上的强力架构不是更简单吗？但是，从实际工作的角度来看，一是模型很难一开始就做到十分完善，达到可以照做不问的程度；二是做企业级不是为了造就新的技术官僚，而是为了打破部门边界、提升企业能力，所以让架构自己过于中心化了，反倒不是一个很好的选择。

此外，时间也是业务架构师的"盟友"，尽管时间宝贵，但在面临冲突激烈的复杂协调工作时，架构师也不可能指望一次性说服所有人，只能像《盗梦空间》一样，先在对方的头脑中"植入"一个"想法"，再逐渐引导"想法"生长。

9.3　处理架构调整的原则

业务架构设计是一个迭代的过程，会不断地进行反复和调整，站在旁观者的角度，以"事后诸葛亮"的方式思考，这是很容易理解的。但是在执行过程中，业务架构的调整却是一项需要慎重考虑且非常"烦人"的工作。

1. 为什么不能允许简单的指定架构？

作为企业级项目，架构调整所涉及的往往不是一个项目团队，而

是"一条绳上拴着好几只蚂蚱",企业级架构管控经常在做些类似于
"按下葫芦浮起瓢"的操作。每每出现这种情况,上上下下都会想为
什么架构不能直接把事情敲定了(当然很多时候还是站在自己的立场
上想,为什么不按我提议的做决定)?业务架构师自己也会觉得,我
说的很在理,我是最站在企业级立场的,为什么不干脆直接让我做
决定?

业务架构师如果具有较大的权力,则确实有助于贯彻整体架构,
中心化毕竟是一种高效的执行结构。但是高度中心化的决策方式其实
不符合建设企业级项目的目标,理想的企业级项目,实现之后应该达
到不对任何人依赖,而过于强势的架构师自然会导致这种依赖的产生,
所以,必须接受、鼓励、坦然应对这种调整要求。

2. 什么样的架构调整可以接受?

尽管要虚怀若谷,架构师也不能允许别人无限制地浪费自己的精
力和项目时间,接受架构调整也是有些原则需要参考的,具体如下。

(1)原有架构设计中的疏漏

这一点是架构师们所不愿意看到的,出现疏漏即证明了原有工作
的缺失。不过,"知漏就改还是好同志",别为自己找什么借口,坦然承
认,补充设计,调整架构方案,越是虚怀若谷,越是能赢得大家尊重。
项目都是有周期的,每个环节都必须有一定的时限,除了首次做企业
级转型之外,业务架构设计是非常重要却又不能被分配太多时间的环
节。想想对项目的"敏捷"要求,如果让业务架构师自己慢条斯理地搞
起细致的业务架构设计,相信所有人都会疯掉。那么,业务架构师就

必须在尽可能短的时间内给出覆盖度尽可能完整的架构方案，这是对业务架构师的考验。但是，凭心而论，时间越短、信息越少，就越可能会出现疏漏，在细化阶段发现问题是很正常的，自然调整就好，各方都不必苛求。

（2）出现了更好的设计

9.1 节的虚拟案例中就提供了改良的可能性，将"检查客户信息"这个任务独立出来，可能会为整个企业级设计带来一定的改善，方便其他业务领域实现同类需求。这样的改良可以重写到模型中，由此带来的架构调整将是非常有益的。

（3）对现实妥协的等价方案

架构设计并不是只有一套可行方案。人们常说，架构师的手里永远准备着两套方案，并且随时可以抛弃其中一套。笔者个人也经历过这样的事情，原本设计时是有两种方案可以选择的，在为 C 领域做业务架构设计时，A 领域和 B 领域都有可以采用的会计引擎实现能力，A 领域的业务性质与 C 领域更为接近，于是做架构设计时选择了 A 领域。但是在实际推进项目时，负责 A 领域的项目组由于客观条件限制，无法按时实现，只好再转到 B 领域，两种方案基本等价，但是架构和模型上必须要做一定的调整，这是受现实条件制约的。

（4）架构设计错误

与第（1）点中所述的疏漏不同，这里所讲的是实实在在的错误，是架构师们一直竭力避免的情况，这对架构设计和架构师自身能力的可靠性来说都是直接的挑战。对此，架构师应当做的就不只是调整了，更重要的是深入了解错误发生的原因，总结经验，反省和提升自我。由此，也可以看出经验在架构师综合素质中的重要性，好的架构师都是由时间和项目铸就的。但是，如果一个架构师经常出现此类问题，就必须要考虑对其的职业进行调整了，或者是到项目组重新锻炼，或者是不再让其担任架构职责；如果是整个架构师团队经常出现此类问题，那就很有可能是工作机制的原因，是不是架构师没有机会深入参与到项目过程中去了解项目的实际情况？是不是9.2节提到的"违章建筑"太多，导致架构已经失灵？总之，集体问题与个体问题不同，需要区别对待。

3. 什么样的架构调整不该接受？

（1）明显违反既有规则的调整

比如客户统一视图这类需求，这是典型的跨领域需求，但是又具有一定的领域特性。因为金融行业中的客户可能同时在多个领域发生业务，但是每条业务线都是从自己的领域出发，应用客户视图时不一定要看所有的内容，这就相当于是在一个统一的数据基础上分领域定制，这样的需求其实是由客户管理组件来实现的，或者是由专门负责数据仓库、数据主题的项目组来实现都可以。因为客户管理组件掌握着客户的基本信息但未必掌握着业务数据，大型企业中，通常会考虑以数据仓库的方式归集各业务领域形成的数据。因此，无论是通过哪个项目组来实现，其在本质上都是通过数据仓库加工。但是，分工一旦形成，就不要再随意进行调整了，如果既定是由客户管理组件来负责，特别是客户管理组件已经实现了一部分功能时，就不允许客户管理组件再以各种理由拒绝后续的需求，而将其他需求交给做数据加工的项目组去负责，否则会导致架构的混乱，导致决策原则的不一致，不要轻易推翻已经成为事实的判断原则，而是要通过事实建立共识，建立规则。

（2）不必要的重复造轮子

这样例子相信读者经常能够碰到，一般的重复造轮子我们就不谈了，反对的理由各位读者也都清楚。还有一类重复造轮子则可能是"企业级"给"逼"出来的，这么说有点奇怪，有点向企业级"泼脏水"的嫌疑。但是实际工作中确实会遇到这种情况，特别是在企业级转型的过程中。企业级项目最大的难点其实是实施过程中的跨项目协调，这时各种利益冲突都会在某种诱导条件下爆发出来，背后的原因既可能是错综复杂的：涉及遗留系统难以拆解、缺乏关键业务人员、第三方不配合、技术不过关等非常客观甚至是由来已久的因素；也可能是简单到令人无奈的，就是为不想配合而找出的一堆理由。这些令人心力交瘁的协调工作，也可能会逼得开发团队宁可重复造轮子，也不愿通过协调来解决问题。若出现这种情况，在架构管控上一定要坚决制止，因为转型之路虽然艰难，但是"开倒车"会导致更大的困难和问题，会让之前的努力都付诸东流。

9.4 企业级物有所值吗？

通过以上对实施过程的介绍，相信读者可能已经感受到了这样一个事实：就算有了企业级业务架构，也还是会经历"一脑门子官司"的企业级转型过程。经过多年的实践，有时笔者也会自问，企业级这么费力的事情，真的物有所值吗？

1. 一本难算的账

单纯从经济角度来看，所谓降低开发成本，是一个常被挂在嘴边，但却不一定完全是依靠企业级去解决的问题。技术每隔五到八年差不多就换代了，节省的成本就算能计算出来又可以节省几年呢？此外，还得扣除转型成本，目前，国内大多数企业在投入产出方面都难以做到高度精细化的管理，尤其是对于此类影响深远的项目的核算，因此，管理基础本身都不支持算这笔账。

单纯从技术角度来看，所谓系统互联互通、数据共享，其实这个问题可以通过对关键问题的企业级处理来解决的，比如数据标准化加数据仓库。所谓灵活响应、快速上线，则更多的是开发方式、DevOps 等关注的内容。毕竟领域之所以为领域，还是因为领域之间存在差别，可以因功能共享而提升的反应速度是有上限的，信息共享的价值可能更大。

2. 无形的核心价值

不惜血本去做企业级开发，其实最重要的是转变企业文化，打破部门边界，让企业融为一体，让业务与技术也融为一体。这种一体化带来的内部变化、清晰分工和高效协作才是最有价值的，是未来长期竞争力的关键，也是打造"数字化"企业的基础。

衡量企业级项目成功的标志不是一个系统是否实现，若文化没有转变、思维没有转变，则是不会真的诞生这样一个系统的，即便交给企业一个这样的系统，也会被改回去。做企业级，难点不在于技术，企业级真正解决的是业务问题、组织问题、思想问题，是超越技术之上的建立一个什么样的企业的问题。企业级业务系统是给具备此类文

化的企业使用的配套工具，也是为不具备此类文化的企业提供的一个
转型过程，至于结果，则要由时间、感受和市场去检验，而非标准来
检验。

正是为了实现这种价值，才需要企业级业务架构设计这类分析
问题、解决问题的方法。因为一般的需求分析、系统设计方法，包括
DDD方法，大多数都只是面向领域级甚至产品级，而能实现战略分析
的方法与IT实现的衔接通常又不够理想，同时基于模型的企业级业务
架构设计方法所关注的正是从战略到落地的"一气呵成"。尽管笔者所
介绍的方法还远远称不上"银弹"，甚至有些"笨重"，但至少可以为各
位读者提供一个思考的起点。

| 第10章 |

建立转型后的长期应用机制

业务架构是推动业务与技术深度融合的重要方法,之前的几章中也曾讲到过,其目的是要在各种场合尽可能地推广模型的使用和模型的思维方式,以促进"通用语言"的建立。为了能够长期维持"通用语言",业务架构还有一项很重要的工作内容,那就是使用既有架构去管理新需求,建立企业级业务架构的长期应用机制。

10.1　项目结束了该怎么办?

1. 别做"一锤子买卖"

企业级转型,或者称为中台,都不是"一锤子买卖",并不是项目上线后就万事大吉了。按照"熵增"理论,没有良好的维护,再好的架构也会慢慢崩坏，更何况架构自身也必须与时俱进。任何领先都是暂时的，尤其是在技术方面。

企业级业务架构建立之后，必须坚持使用这个架构去管理新的需求，随着业务和技术的发展，需要不断调整架构，以保持架构常用常新。那什么样的机制才是合适的呢？

做企业级转型时，为了保证项目的顺利进行，企业可以选择按照项目管理的套路构建临时管理机构，安排各业务部门的领导、骨干组成临时性的跨部门项目管理组织，为业务架构、应用架构、技术架构、数据架构、安全架构都设立专职团队，形成企业级架构管理。除了进行最初的企业级规划之外，由于项目周期可能时间较长，因此在旧系统改造的基础上还要不断叠加新需求的处理，架构团队自然也要承担基于已经建好的业务模型进行新需求整合与分配的职责。

项目开展期间，这样的临时机制是没有问题的，而且，有跨部门的项目管理组织做后盾，就算少不了磕磕绊绊，也还是可以很好地执行下去的。那么项目结束之后呢？显然各业务部门不能总是将精力花在这些项目协调和管理工作上，而跨部门的项目管理组织，即便形式上可以固化，也很难长期维持其热情和效率。所以，看似可以简单继承的项目管理机制，实际上很难直接继承下去。

2. 关于建立长效机制的分析

那么，又该如何解决这个问题呢？我们先从模型工具、架构仲裁和具体设计三个角度来分析一下。

（1）模型工具

完成企业级转型的项目之后，如果业务模型构建合理，质量过关，则意味着企业有了一张从业务直通技术的"作战地图"。而新需求大部分都是对已有流程和功能的改良，这些改良可以"按图索骥"，找到模型中需要做的变更；少部分需求是全新的，需要增加流程和功能，这也就意味着要增加模型内容。这样的模型应用逻辑，简单而直接，始终保持着企业级理念，从工具的角度来看，继续使用业务模型管理新需求也是没有问题的。

（2）架构仲裁

前面分析过，业务架构不宜过于中心化，但是作为争端的解决机制，终归还是要有个仲裁者。所以，保留一个适当规模的企业级架构决策团队（除了业务架构、应用架构之外，还可以根据企业自身需要酌情考虑是否包括技术架构、数据架构或安全架构等）作为整体架构的指导者和仲裁者也是很有益的。但很显然的是，这个团队不可能太大，也不会直接去处理各领域具体的架构设计，否则工作效率会有问题。

（3）具体设计

这就需要探讨大多数业务架构设计人员在企业级转型项目结束之后的工作机制问题了。业务架构不同于需求分析，所以，不能简单地将业务架构人员分散到项目或者组件开发团队中去，因为时间久了，会淡化业务架构人员的企业级视角。笔者认为最合适的方式是回归初心，让业务架构人员进入业务条线工作，继续承担推动业务与技术融合的职能，尤其是承担起引导业务人员合理运用技术手段解决业务问题、持续贯彻业务架构理念的职责，去填补"数字鸿沟"。

10.2 促进深度融合的需求管理机制

需求管理是很多传统企业不太重视的 IT 管理环节。企业级项目结束之后，企业级业务架构设计人员应当充分接触业务部门，把握住需求的最前端，从源头开始维护、推广企业级设计，不断加强业务与技术的深度融合，这是企业级项目结束时，后继管理机制的关键。本节我们就来探讨一下具体的做法。

1. 什么是深度融合

很多人都在强调深度融合，但什么才是真正的深度融合呢？笔者认为，融合首先是人的融合。深度融合并不是聘请若干技术大牛或者仰仗领头科技公司开展若干看起来"高端大气上档次"的项目，而是让业务人员和科技人员能够坐到一起充分交流、沟通，多了解对方的想法，互相碰撞和渗透思想。如果要用技术术语来打比方的话，就是改变过去按部就班地接需求、"面向过程"地开发项目，实现具有深入理解的"面向对象"、"面向服务"的开发。

这就要求技术人员必须向前迈出一大步，参与到业务中去，而业务架构人员非常适合担任这个"先锋"。企业级转型项目在实施过程中往往会培养出一定数量的业务架构设计人员（企业也可以有意识地借助企业级项目培养一批这样的人员），在项目结束后将其分散派驻到业务部门，但是人员管理不归属于业务部门，这样做可以保持其工作的独立性。在日常工作中与业务人员广泛交流，不断提升业务人员对企业级理念、技术实现、技术趋势的理解，激发业务人员更大的想象空间和跨部门协作的动力，使需求在交流中"自然"产生，也可以减轻过去业务人员"冥思苦想"新需求的痛苦，让双方在工作起步时就能交融在一起。

读者可能会觉得，这是否会需要许多技术人员？确实是需要不少，不过，目前很多大型企业在研究转型战略时都将提高技术人员占比列入了规划之中。在笔者看来，如果不提升技术人员的比重，只谈数字化转型则无异于"雾里看花、水中望月"。试想，一个企业使用了一大堆"不知其所以然"的工具，真的能摇身一变成为"数字领袖"吗？提升技术人员比重的长远用意，不仅是要加强技术掌控力、提高自主研发率，而是要通过技术人员的增加带动更深入的交流，从而帮助业务人员实现数字化思维的转型，这才是业务与技术深度融合的目标。

2. 业务架构师的工作模式

业务架构师非常适合作为与业务人员接触的"技术第一人"，在工作中，业务架构师可以及时调动需求分析人员、产品经理、开发人员提早参加到需求的形成过程中，将需求管理直接转变为业务规划，这才是各方都希望实现的融合与快速反应。业务架构师基本的工作组织形式如图 10-1 所示。

业务架构师分散驻扎在各个业务部门，需求产生时即采用模型工具与业务人员共同讨论，我们可以根据需要，要求组件开发团队的需求分析人员、产品经理或者开发人员提前介入分析；需求成型后即进入实施过程，业务架构师可以代表业务人员进入项目组（在长期驻扎业务部门的情况下，业务架构师即便不能完全代替业务人员，也可以减少开发过程中对业务人员的需求量)，与开发团队共同工作一段时间；项目组若出现业务架构师不能处理好的协调问题时，则会提交给企业架构进行沟通，必要的时候还会进行仲裁。

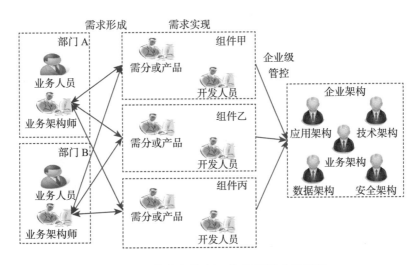

图 10-1　业务架构师工作组织形式示意图

这种机制的正常运行，一是要保证业务架构师的数量，不能每个部门一个，那样做是做不过来也做不到位的，而是要有多个，要有"替补"；二是要保证业务架构师能够每隔两年左右进行部门间的轮岗一次，业务人员不能轻易调换部门，但是业务架构师则要保持一定的流动性，以促进企业级理念的生长，架构师要有替补也是为了加强轮换能力。业务架构师与企业架构之间要有定期的集体性工作交流，以增强业务架构师对企业级的把握和企业架构对业务前端的理解。在工作过程中要时刻注意使用模型工具分解需求，通过模型工具把控企业级设计。

3. 千里之堤溃于蚁穴

"打江山容易，坐江山难"，做企业级项目无论过程有多痛苦，下定决心克服困难都是能坚持过去的。然而企业级理念的长期保持和应用则是更为困难的事情，需求管理机制对非科技类企业而言，很难成为企业的工作重心。尽管企业的科技意识已经得到普遍提高，然而，恰恰是这样一项非重心工作，却是检验企业级理念应用、保持和维护机制的关键。说得严重点儿就是，企业级项目的建成其实就是其崩坏的开始，而崩坏就是由一个个看似微不足道的需求分配过程形成的，也就是所谓的"千里之堤溃于蚁穴"。

即便是中台模式也不是一次建成就可以"万年长青"的，也需要进行长期维护。那么，希望学习中台模式的企业是否已经对维护这个模式的长期性有了充分的思想准备呢？考虑过以一个什么样的机制去管理需求、维护中台架构吗？这个机制只靠技术人员就可以处理好吗？实现了中台就能达到快速响应、达到业务与技术深度融合了吗？尽管很多传统企业都在努力转型，但是技术人员仍然只是"少数派"，比不得那些互联网企业，动辄技术人员占比超过 50% ~ 60%。对于这些互联网企业，技术也是业务，但也时常能够听到这些企业的技术人员抱怨业务与技术之间的互不理解，那就更不用说传统企业了。如果不从企业级业务架构入手、不从顶层设计入手，将业务整体拉入到开发机制当中，那作为"少数派"的技术人员又如何能够持久规范得了一个中台呢？

第11章

这个"笨重"的过程与敏捷沾边吗?

互联网企业崇尚敏捷开发,随着互联网企业的成功,传统企业的"瀑布式"开发似乎面临着苏东坡笔下的"明日黄花蝶也愁"的问题。而企业级业务架构这种颇为耗时耗力的方法更会让读者心生畏怯,本章我们就来试着打消这种疑虑。

11.1 传说中和现实中的双模开发

"天下武功唯快不破"——电影《功夫》中"火云邪神"的这句台词可谓深得互联网时代竞争的要旨,业内人士也常常感叹,一个产品的成功可能只是领先于对手一周甚至两三天的时间上市。产品创新速度、市场响应速度越来越受到企业的重视,但这两个指标似乎都是大型企业，特别是传统行业中大型企业的弱项。

如今不少人都致力于教"大象"跳舞，不断有关于软件过程、项目管理的新概念应运而生。比如，Gartner 于 2014 年提出了"双模开发"，敏态加稳态，可预见性的业务使用的是传统瀑布式开发，也就是稳态；探索性的业务使用的是敏捷开发，也就是敏态。2015 年，Gartner 对全球 2800 多位 CIO 进行了一次调研，调研的结果显示：38%的企业已经实施了双模 IT，26% 的企业将在未来 3 年内实施双模 IT，只有 13% 的企业不会实施双模 IT，另外还有 23% 的企业则不确定。虽然没有找到近期的数字，但是按照 Gartner 的说法，"双模开发"少说也占据了半壁江山。

笔者无意在这里去质疑或者争论这种统计，但是，显然这些 CIO 们口中的敏捷开发未必是"敏捷宣言"所提到的敏捷开发，更多的还是应对特殊需求时，打破常规的"快速"开发，省略了通常的管理环节，组成小分队，快速上线。这种情况相信读者经常会遇到：市场催、领导催，一个项目可能要求下个月就要上线。当然，对于互联网科技公司而言，很可能就是下周就要上线。所以，开发者经常在稳态和敏态（即"按部就班"和"大干快上"）中来回做切换。无论是符合敏捷开发定义的敏捷，还是特事特办的敏捷，都意味着忽略既有流程中的一些环节，压缩周期，快速实现目标。那么，相比之下，经过业务架构设计、应用业务模型驱动的开发是不是就显得有些"笨重"了呢，是否会出现与敏态不兼容的问题呢？在敏捷过程中是否应该被省去？要想回答这些问题，我们还是先对符合敏捷开发定义的"敏捷"和特事特办的"敏捷"做一下对比吧。

11.2　与正宗的敏捷对比

说到正宗的敏捷开发，自然要说到"敏捷宣言"中提出的 4 个核心价值：个体和互动优于流程和工具、工作的软件优于详尽的文档、客户合作优于合同谈判、响应变化优于遵循计划。熟悉软件过程的读者，直觉上可能会认为冲突集中在第一项和第二项上，下面我们来分别探讨一下。

1. 工作的软件优于详尽的文档

敏捷开发素来以"不重视"文档闻名，但其实敏捷开发并非不需要文档，而是不需要那么详尽的文档。过于详尽的文档会消耗大量不必要的精力，而其用途又非常有限。对于开发人员而言，在软件维护方面，高质量的需求文档远不如整洁的代码加上详尽的注释那样更让人清楚软件的结构，所以敏捷开发在这方面进行了大胆的改动。但是，敏捷开发也还是要求有一份恰当的概括性文档作为项目的总体目标，而不是什么都没有就直接往前冲。所以，要想消除与敏捷开发之间的"矛盾"，业务模型这套方法自身也必须具备一定的简洁性。

从本书第 4 ～ 9 章的介绍来看，首次企业级转型肯定不适合采用这种方式，而且，企业级转型需要深思熟虑，这也不是"敏捷"应该完成的事情。一旦转型结束，在具备了企业级架构之后，就是如何快速应用架构工具的问题了。笔者之前也曾提到过，业务模型不应该承载太多的业务细节，而是要保持适当的抽象度，否则会不利于对企业级的描述。至于细节应描述到什么程度，不同的企业可能会有不同的要求，大的原则是，可以基本解释清楚任务对数据实体的创建和变更，以便划分任务及组件的边界。因此，模型本身具备快速应用的潜质，而且,模型本就是一张"作战地图",通过模型也可以更快地摸清项目的范围、涉及的组件和团队以及潜在的影响。

敏捷不应是不顾一切的敏捷,更不是牺牲企业级架构一致性的敏捷,否则敏捷项目就成了为短期利益而有意忽视长期影响的盲目行为。无论有多紧急,若不看看地图就冲向战场,那么这种行为就是危险的。

2. 个体和互动优于流程和工具

模型分析和调整需要一定的过程,企业级这类庞大的模型体系也需要工具来支持,否则就真的谈不上快。这似乎与敏捷的第一项核心价值也存在冲突。其实不然,敏捷开发的速度来自于节省不必要的步骤和提高协作的效率,所以"个体和互动"才"优于流程和工具",注重面对面的直接交流,以减少分歧。这就要求业务架构师必须参加敏捷项目,在项目中快速完成架构分析,把控项目引起的架构调整,而不能在项目之外等着按"流程"来操作。

敏捷开发团队要在业务架构师的直接参与下,在项目一开始就根据需求描述快速使用模型工具澄清项目范围,列出对架构的改变事项,这其实也是对企业"通用语言"构建效果的检验。在项目期间,业务架构师可以根据项目的具体情况完成对模型的具体调整,实现并行作业。所以,应用业务架构和业务模型驱动的开发过程,可以转变为敏捷过程,并为敏捷过程提供更好的分析依据。

其实,读者可以仔细想一想,所谓的敏捷过程,抛开自动测试、自动部署等开发环境、基础设施方面的差异之外,在软件过程方面,与瀑布式的主要区别不外乎以下三点:一是大周期开发改成小周期冲刺；二是类似"多线程并发"的组织模式；三是分阶段投入资源改成一次性投入资源，在项目的一开始，所有必要人员就要全体到位，从沟通上减少二次传递，提升信息共享带来的加速作用。而这三点在有业务模型作为指导的情况下，都会变得更容易操作，而不会因为业务架构的加入产生拖慢进度的问题。

11.3　与非正宗的敏捷对比

非正宗的敏捷指的是不按套路出牌的"特事特办"。这种敏捷其本质就是"临时事项"，因事而立，事过则废。其实这种方式会对企业整体的架构管理带来一定的破坏性，其往往会直接要求一些违反"架构"整体安排的改动，而事后通常也会无人负责，做完之后，一般直接交给运维团队去维护。有些真有长期价值的系统可能会持续使用，这样的还算比较好的，但是做完之后就再无人问津的系统也屡见不鲜。

与上文提到的"真"敏捷不同，"真"敏捷是软件过程的差异，其并不意味着要违反企业级，而是可以与企业级很好地融合在一起；但是某些特事特办的"敏捷"确实存在不管不顾的问题，上线是其唯一目标，为了达到目标而不管采取何种手段。后面这种情况就很棘手了，因为它超出了业务架构师的控制能力，是对企业文化的考验，是对企业维护其企业级架构决心的考验。不过我们还是坚持具体问题具体分析，而不是一概而论地扣大帽子。

首先，有些项目确实形势逼人、速度第一，不上线毋宁死。这种要举"全局之力搏一隅"的情况不支持也不行。但是业务架构师要切实参与到项目中，不但要给出当时的架构设计建议，也要尽快给出影响分析和事后的重构方案。如果成本允许，则应可能地在企业"搏命"之后，回归正途，以避免架构遭到破坏。如果成本不允许，那么这块架构"飞地"需要标识清楚，尽可能让它成为以后架构设计可以利用的"轮子"而不是会陷入的"陷阱"。

其次，对于不具备上述价值的"特事特办"，架构师应该从业务架构的角度申明其立场，给出认真详尽的分析意见，这是架构师自身的职业操守，而能否容忍架构师的意见则是企业文化的真实体现了。如同会议表决中的"保留意见"一样，如果架构师真的反对项目的设计和实现方式，那么企业就必须在项目文档中保留其分析意见，这倒不是非要"立贴为证"，而是在未来真的需要进行调整时，作为参考意见使用，同时也供所有架构师进行检验和学习。

这是对企业级的一种警醒，并不是业务架构师工作中的常态，也不应是其工作追求的目标，架构师不是"以参倒了宰相为荣的言官"，要有原则但也不要让自己孤立，更不能变成言必称"企业级"、处处拿"大帽子"压人的"反对派"。架构师的宗旨是解决问题，而不是让自己变成问题。这里虽然有些偏离正题，谈论了一下架构师的素养，但这是"特事特办"牵出来的话题，足见这种事的牵涉复杂，它超越了正常工作的范畴，带有一些其他色彩，因此需要架构师谨慎对待。

11.4　且行且珍惜

无论企业是否有意识地推行过"双模开发"，各位读者可能也总是忙碌在"按部就班"和"特事特办"之中；无论是否建立了敏捷开发体制，也总是有项目必须要尽快上线。大型企业中，企业级体制建立不易，打破却很容易，不要为了"快"而牺牲企业级业务架构。

管理大企业的开发工作就像指挥大兵团作战一样，既要有担当主力、稳扎稳打的方阵部队，也要有处理特殊任务的游骑兵，多兵种之间的有序协作是克敌制胜的关键。这种有序协作离不开有序的架构管理，通过业务架构方法、应用业务模型驱动开发本身与敏捷并不矛盾。敏捷可以是、也应该是一个有序架构体系下的敏捷，而不是"叫嚣乎东西、隳突乎南北"的乱闯，Alaska 有句话，Shortcut is the fastest way to get last（捷径是迷路的最快方法）。所以，一定要有效利用业务模型这个"作战地图"，培养好业务架构师这个"领航员"。

说到这里，读者们也不妨想一下，仅凭中台模式就能很好地解决敏捷问题吗？其实，这应该还是一个更大范围的企业管理或者企业文化要解决的问题，它并非一个单纯的开发模式或者技术架构问题。之前笔者也曾提到过，企业级业务架构设计希望实现的是企业整体联动、文化转型，而不是仅仅建立一套系统。实际上，阿里集团的中台背后支撑其运作的也是阿里的企业文化。

达不到敏捷标准的往往不单纯是工具，而是人和人所在的环境。

第12章

企业级的"五难"

　　本书讲到这里，我们不妨简单回顾一下，前文以业务架构的发展历程和对业务模型的基本介绍作为开始，结合笔者自身的感悟，在业务架构设计方面先后讲到了企业战略分析和对标分析，介绍了企业组织结构的影响，讲述了如何划分业务领域、分析价值链、流程、数据和组件，如何进行模型标准化，并设计了一个虚拟案例介绍操作过程；在业务架构驱动开发方面，讲述了如何将业务架构设计转化为业务架构方案、业务架构师如何基于模型与项目开发团队沟通、项目开发团队如何基于模型开展设计、项目进行期间团队之间的协调、基于实施的模型调整和企业级项目完成之后如何继续建立持久的企业级工作机制，之后还分析了业务架构方法与敏捷开发的关系。这即可称为一个完整的企业级转型过程了，包括了转型的规划、设计、实施及建成后的应用机制。

企业级建设是一个很艰难的过程，经过十余章的介绍之后，本章先不妨聊一聊企业级实施的"苦难之处"，为各位已经投入到或者即将投入企业级转型的同仁们提供一些思路上的参考。

12.1　捷径难寻

企业级是一个美好而艰难的愿景，了解 DDD（领域驱动设计）的读者可能会知道，DDD 对企业级并不抱太大希望，其认为企业级的建设路径只能是一个领域一个领域地不断尝试和融合。换句话说就是，DDD 不认为企业级真的可以通过自顶向下的规划来产生，而只能是自底向上的生长。科技公司中企业级的代表，可能莫过于阿里集团的中台模式，但这个模式也是逐渐演化出来的，有兴趣的读者可以研读相关书籍。

说到金融，学过或者做过金融的读者可能会有这样的体会，这是一个很不"专业"的专业，其中包含的内容五花八门，看似都在同一个领域，实际上却是"各不相干"。传统的存贷款与票据业务其实并没有什么直接关系，票据虽与金融市场沾边，但是关系也不深。现金管理则更像是个"大杂烩"，交易银行也是如此，托管则是另外一个领域，后来还多出养老金的业务。这几年新兴的资管、理财完全可以自成一体，要不然支付宝、余额宝也不会发展得那么迅速。说到底，各类业务的共性无非是客户都是同一群客户，这些业务围绕客户共建了一个账户体系，虽然业务之间的差别很大，但是大多数都得单独记账。也就是说，如果自顶向下地看，客户和账务应该是企业级的，而其他部分，严谨地说，就像 DDD 主张的那样，得一个领域一个领域地去研究，这也是建模和标准化的难点。

所以，企业级建设的难度与企业所在行业的特点有直接关系，没有一个通用的企业级业务模型可以随便套用。银行不能直接套用阿里集团的业务架构，阿里集团也不能直接套用银行的业务架构。甚至在同一个行业内，企业与企业之间内部特点的差别，也会决定企业级建设路径和结果的不同。

这可以称得上是企业级的第一"难"吧，没有可以简单复制的模式帮你快速切换到企业级。别人的经验，无论成败，对你而言都只能是个借鉴，自己的路只能自己摸索前进。但是实践中若能依靠做过企业级实现的科技公司或者开发团队作为"老司机"带带路还是会有很大帮助的。

12.2 文化难建

企业级在大多数情况下不只是个技术问题，这一点让技术人员非常为难，因为根本不在他们的能力范围之内。前面提到过综合积分的案例，这只是众多需要协调的案例中的一个。如果是一个业务种类繁多、部门庞杂、等级森严的传统企业，那么建立企业级不啻于一场"内战"，一场对部门边界、协同关系的重新界定。

读者可能会觉得，建企业级真有那么可怕吗？如果没有那么可怕，笔者倒宁愿相信是以下两种情况中的一种：一是企业之前各部门的分工非常合理，无可挑剔；二是各方都没去触动真正要解决的问题，而是一团和气地结束了。前者基本上是不可能的，而后者则是极有可能的。

如果真的是下定了决心要做企业级，那么对于一个传统企业而言，要改造的东西实在是太多了。然而引入新方法、新思维产生的冲击也需要大量的时间去消化，这将是一个彻头彻尾的大转身。在这个过程中，业务上需要做的调整不亚于技术上要做的调整，而对于企业文化的调整则尤为重要。现代管理学之父彼得·德鲁克曾说过这样一句名言："文化能将战略当午餐吃掉（Culture eats strategy for lunch）"，这的确是一个难题。

12.3　预期难控

人们常说，"期望越高、失望越大"。很多软件工程类书籍都有讲过，做项目有一项很重要的事情就是管理好用户的预期，企业级建设更是如此。因为要耗费大量的人力和物力，所以，企业级项目在启动之前，各方往往会对此寄予厚望，将蓝图描绘得太过美好，期望多年的夙愿可以"毕其功于一役"。但是建设周期的漫长、建设过程的曲折，以及中间不断对现实做出的妥协，会让很多美好的"理想"大打折扣，或者由于项目的进度原因而一拖再拖，这也会让实现过程和最终结果都看起来并没有当初设想的那么美好。

前文也曾提到过，有些目标其实并不是非要企业级才能解决的问题，有些成果也并不是必须要归功于企业级，甚至做企业级的成本和收益都是难以直接计算的。这有点儿像从单体应用到 SOA、微服务的演变，看起来好像因为零件化了，灵活性得到了提升，但通信和维护却变复杂了，企业级效果的积极方面可能也要随着时间的推移才能逐渐显现。这会产生对企业级的怀疑，尤其是在项目刚结束的一段时间之内，所有人都期盼着出现与以往迥然不同的"大转变"。然而，很多变化并不是那么集中发生的，其中一些变化可能在转型的过程中就已经出现了，只是没有被注意到，比如协同能力的慢慢提升。

所以，需要事先管理好企业的预期，不要为企业级项目戴上太多不该戴的"高帽"，而忽视了真正该戴的"高帽"——完成一次企业文化的建设，实现整体转型。如果这个目标没有实现，那才是真正该失望的，不要只用系统去检验企业级。

那么，何谓转型呢？笔者认为，"转型"转的就是行为习惯，转型项目成功与否，只需要观察企业中各级领导、员工的行为习惯是较之以前是否发生了变化。如果真的发生了改变，那至少可以说明"转型"是有作用的；如果行为已经符合转型前的预期了，那么转型项目也可以算是成功了，不必非将系统的好坏当成目标本身。因为转型的目标也许无法一次性达成，但是如果员工的行为习惯已经朝向预期发展，那么系统目标的实现也许只是需要更多的时间而已。

12.4　权责难定

在组织中，一件事情要能够做好，其前提就是做事的人应权责匹配，无论是临时事项还是长期事项，否则，成功就是侥幸而不可复制的。

企业级转型期间，作为临时性的项目组织，架构可以有较大的权力去保证项目落地。但是转型期结束之后，转入常态开发时，架构又该如何定位呢？本书之前给出的机制是一种解决办法，毕竟架构就是架构，不是企业的管理者。

但是，架构定位的困难在于：若权力太小，则不足以维护企业级，企业级甚至会随着时间的流逝而"名存实亡"；若权力过大，则又会发展成新的部门化组织，一旦开始以架构"卫道士"自居，就会导致对架构创新的阻碍。对于这种说法，科技公司可能不太容易理解，但是对于传统大型企业而言，这种问题却是很正常的，因为这些企业中本就有强烈的"官本位"思想。

企业级建设实际上是要让这些习惯了业务管理的企业去正视技术，定位好自身的科技基因，思考数字化转型后的企业管理结构，技术在企业中的定位到底是什么？工具？主业？是脑还是手？而对技术人员中很重要的一股力量——架构师（包括各类专业的架构师）如何进行合理的定位，就成了对企业的一个大的考验。

在传统企业中，架构师通常只会被当成技术类专家来看待。不少企业只有技术部门的行政管理者，而根本没有所谓的"架构师"岗位，培养了很多"项目经理"，但缺少对"架构师"有意识的培养。这也导致了很多良好的项目实践经验无法转化成方法论层级的知识，如果发生人员流失，那么知识也就"随风而逝"了。

传统企业必须关注架构师的重要性，他们是数字化转型的关键力量，而好的架构师能够帮助企业实现合理的整体规划。他们虽不是管理者，却拥有基于项目实践积累的管理经验，他们并非仅仅是技术专家，而是实现企业整体战略不可或缺的力量。2019年3月底，阿里智能云事业群总裁张建锋（花名"行颠"）先生在接受外部采访时表示，"大部分企业都缺少非常好的业务架构，这个业务架构你没法招聘，只能自己培养"。作为业界一致看好的阿里中台模式的重要实践者，张先生的这番话还是很值得传统企业认真品味的。

12.5　长志难立

　　企业级的长期坚持是一件难事，读者可能会觉得，既然已经具备了业务架构、模型、地图和机制，那么后续的坚持还会很难吗？当然会很难。爱美之心，人皆有之，人们都知道体型好代表既漂亮又健康，因此花钱、花时间减肥的大有人在，但是真正坚持到底、后期不反弹的又有多少？企业和个人都是一样的道理，水会自然流向阻力最小的地方。所以，企业级的放弃和崩坏，未必是将架构组织撤销、机制停掉这类激烈的动作，而是各种"畏难情绪""客观原因"导致的缓慢的无序，是由一个个需求的分配、落地的偏离堆积而来的，这一点与减肥、戒烟的失败是类似的。在这方面，"破窗效应"的作用也很明显。

　　当然，这里面也有企业级自身维护难度较高的原因，主要是企业级维护工作很难与个体、局部的利益有明确的结合，很多时候需要依靠员工自觉去维护企业级。这方面除了所谓的制度、机制之外，还会绕回到战略和文化的问题上，即人们常说的如何打造一个"伟大的企业"。

　　本章所提及的一堆难处，相信读者也能体会到，大型传统企业谈企业级，与互联网科技公司谈企业级是不大相同的。对于后者，虽然也有管理方面的因素，但更多还是技术规划、技术栈建设的问题；而对于前者，自始至终，非技术因素的作用与技术因素相比，至少是等量齐观的。但是时代已经进入到了数字化时代，正如某次交流会上一位嘉宾所言的，"未来已来，你爱来不来"。随着国家开放程度的不断提高，民营领域创新能力的不断提升，大型传统企业已经进入了被动的数字化转型之中，是否能迎难而上、顺利走通企业级转型这条举步维艰之路，我们拭目以待吧。

| 第13章 |

实战：实现了快速设计的案例

应用业务架构模型可以对新需求快速进行企业级分析，本章将提供相关案例供读者参考理解。案例中的设计元素名称都已进行了处理，读者请勿简单对号入座。

13.1 项目背景及需求

本案例中的需求是某企业与某互联网公司合作进行的实物贵金属产品在线销售的业务。当时，其竞争对手与另一家互联网公司刚刚合作了此类项目，受市场形势所迫，该项目必须快马加鞭，紧急施工，特事特办。

需求产生时，该企业正在企业级转型期间，但已经完成了企业整体战略设计、高阶能力需求分解，实现了企业级的业务架构设计和业务模型建设，并已应用模型驱动企业级开发了数年时间，工具使用已经比较熟练。

在转型项目期间，该企业平均每年都有几十个大型项目同时开展。所有业务需求都要经过业务架构分析，出具业务架构方案，再落实到具体项目组，可以说，企业级分析是项目的先导和开发任务分工的依据。

业务部门为配合快速开发，已经连夜写出了业务需求。需求共计15 页，将近 9000 字，涉及 11 个大的需求项，需要业务架构师马上根据需求文档形成业务架构方案，以推动快速立项、快速进入开发阶段。

需求的主要内容包括：为客户建立虚拟账户，用于记录客户买卖交易、持仓等；支持使用该互联网公司的黄金发送红包（黄金份额）；红包的账务性处理、红包资金的支付结算及划转；支持黄金实物兑换；支持黄金转赠；销售数据提取、报表统计、实物提取配送数据交互以及相应的核算规则等。

13.2　设计思路和业务架构方案

在包含业务架构和业务模型的情况下，业务架构师的工作就是识别新业务流程与原有业务流程的差异，以判断所涉及的模型范围，识别出需要使用的活动、任务、涉及的组件，以及需要新增的内容，新增的内容应该归属于哪个任务和组件等。进而，应用架构人员会根据分析结果为项目组指派具体承接的需求。当然，这不是简单地对号入座，架构设计最重要的就是理清结构和关系，说清各部分的具体分工和协作，给出明确的设计理由，否则，项目组会质疑任务分工的正确性。

该企业的业务模型中包含了大量的业务组件和领域级业务应用。其中，该需求所属的业务领域就包含十余个应用，涉及多个核心组件及公共类支持组件。

经过分析整理，项目组最终理出了"签约""产品查询""交易（含红包）""对账""结算费用"这几个主要的工作流程，涉及7个现有业务组件。经判断，现有业务模型基本支持该需求的实现，部分任务需要增加业务规则，但无须进行大的改动。

业务架构关系如图13-1所示。

该项目方案的具体流程描述如下。

1. 签约

客户向互联网公司提出建立购买企业的实物贵金属产品的合约申请，互联网公司将相关信息及客户在互联网公司的PID（客户在互联网公司的身份标识）传到企业。由于一个客户可能存在多个PID，因此需要分别为其建立账户。该过程的处理，由企业新增的渠道负责信息传输，"客户管理组件"负责识别是否应为企业新增客户，并记录客户在互联网公司的PID信息，与企业的客户信息进行关联；××交易组件则负责为每个PID建立单独的交易合约和账户。考虑到未来可能与该互联网公司有更多的产品合作，因此，PID应该作为企业级信息进行管理，以方便各组件的查询并保持唯一性。

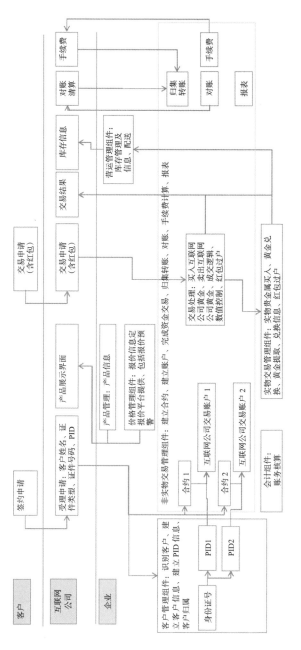

图 13-1 互联网黄金在线销售业务架构关系图

2. 产品查询

产品信息"产品管理组件"负责提供产品查询；报价涉及 7×24 小时实时人民币黄金报价，并允许在账户金报价、金交所报价、交易对手报价等各个报价来源之间自由切换，允许买入价、卖出价、中间价等多种形式报出，因此，需要由"价格管理组件"提供报价查询。

3. 交易

交易涉及贵金属买卖和对红包转账的支持，由"非实物交易管理组件"负责账户金交易、资金归集转账，"实物交易管理组件"负责实物金交易，"营运管理组件"负责库存和配送管理，核算则由"会计组件"完成，这些业务都有现有业务活动和任务可以支持。

4. 对账清算和手续费扣收

这两项都由"非实物交易管理组件"基于交易记录发起，清算结果和扣收都是通过互联网公司在企业的资金账户和企业内部账户之间转账完成，也有基础的业务活动可以支持。

5. 报表

由于报表都是基于该组件的交易记录而生成的，因此可以由该组件负责提供支持。

实际操作中，上述方案从阅读需求到完成设计，再到向领导请示汇报，发出结果，总共花费了四个多小时。因为时间紧急，所以出具的方案也比较简要，事后需要及时将部分"微调"的信息补充到业务模型中，以保持模型与实施的一致。

13.3 案例总结

这个方案的制作过程体现了如下几个特点。

（1）对原有业务架构和模型的充分复用

方案最终只是在原有的业务模型中增加了部分描述和规则，就一个抽象业务模型而言，不需要再增加活动、任务这些较大的元素了。

（2）模型化的业务架构工具对企业级需求分析的加速作用

该方案涉及的客户信息管理、交易、核算、运营等，都是由不同业务条线负责管理的，是典型的企业级方案。由于是以业务模型作为架构分析工具，因此该架构能够快速识别需求的归属，并为跨条线的协调提供客观依据。

（3）业务架构师必须非常熟悉项目情况

在真实案例中，该方案能够快速形成也得益于架构设计人员对项目的深入了解。所以，方案的设计乃至后续项目组对分工的接受都很顺利。由于工作边界的原因，企业级业务架构师与项目之间可能会存在一定的"距离"，因此务必要时刻注意补充自身对项目的了解，以防止"距离"变成"疏离"。

（4）业务架构还可以对提高项目的效率发挥更大作用

本案例中，因为业务上已经准备了较为详尽的需求文档，业务架构设计工作少去了一些了解过程。但是，如果业务架构人员从需求梳理就开始介入，也可能会进一步提高需求分析的效率，推动一种基于业务模型的敏捷过程。

　　综上所述，最初建立企业级业务模型一定会是一个漫长的过程。因为需要处理大量的标准化整合，同时还可能会触动一些深刻的利益关系。一旦完成了这个过程，建立了企业级业务架构，就可以向敏捷过程看齐。这种具有有企业级参照的敏捷过程，要好于没有"篱笆"的快速开发，具有清晰的边界总是开发人员所愿意看到的。看似"笨重"的业务模型方法，其实提供了一个"扎实"的下盘，如同练武术一样，若没有扎实的马步，又怎么能够"飞檐走壁"呢？

| 第四部分 |

架构方法改良篇

之前介绍过的方法足以帮助企业梳理出自身的企业级业务架构，从而指导企业的数字化转型工程。那么，这种设计方式是否还有值得改进的地方呢？当然有。上述架构设计方法虽然也有基于流程和数据的标准化形成的组件和功能，并与 IT 设计成果建立了从业务到技术的关联关系，但是其对复用的表达依然是偏重流程视角的，是活动、任务的复用，这与 IT 希望看到的、更直接的复用表达之间依然"隔"了一层，那么是否有方法来捅破这层"窗户纸"呢？本篇就来探讨下这种可能性。

| 第14章 |

如何支持面向构件的设计

软件设计中应对复杂问题的"永恒之道"就是"拆",软件实现就是通过拆分的方式来降低复杂度,从而为复杂问题域找到合适的解域。然而,"拆"的学问,从软件设计诞生起直到今天,也未能形成一个公理。本章中,笔者将根据自己多年的思考试着来解读一下这个"永恒之道"。

14.1 "乐高积木"式的软件设计

软件设计一直希望能够通过对原有成果的复用来实现新的需求,从而达到快速响应和降低代码资源"浪费"的目的。如果代码片段能够像"乐高积木"一样通过标准化接口"自由"组装,那么软件开发的灵活性将大为上升,这也将使得沉淀在软件设计中的领域知识不必一而再再而三地被重复实现。

这种"乐高积木"式的设计思路在软件领域中早已存在，并且还有一个很"高端"的名字——CBD（Component-Based Development，基于构件的开发）。关于 CBD 的文献有很多，例如，Alan W.Brown 所著的《 Large-Scale, Component-Based Development 》（中译本名称为《大规模基于构件的开发》，2003 年由机械工业出版社出版，赵文耘、张志等翻译）。

《大规模基于构件的开发》一书中提到了 CBD 的两种建模方法，一种是基于 UML 改良的，另一种则是基于 Catalysis 改良的。前者是在分析用例、顺序图、类图的基础上，分析构件的关系并建立构件图，再通过部署图描述构件的部署位置，从而形成一个完整的构件建模过程。后者与前者相比增加了对构件间交互模式的建模，将建模过程划分为"理解上下文、定义构架、提供解决方案"3 个环节。其中"定义构架"环节需要决定如何将行为包装成一个独立的单元，该单元可在不同项目间共享。

比较有趣的一点是，该书认为"虽然我们用正向的观点来描述构件图，但它们通常更多地用于对一个现行系统进行逆向工程的早期阶段"，这似乎说明了在早期的实践中就出现了构件不易在系统初次开发时被有效识别的问题。

CBD 的实现方式之一就是读者耳熟能详的——SOA（Service Oriented Architecture，面向服务的体系结构）或者 SCA（Service Component Architecture，服务组件体系结构）。SCA 实际上包含在 SOA 的范畴之内，强调二者之间区别的观点主要认为 SOA 只是个不十分明确的架构概念，而 SCA 具有清晰的内涵和规范标准，SCA 提供了构建粗粒度组件的机制，这些粗粒度组件是由细粒度组件组装而成的。

对上述构件设计理念感兴趣的读者可以自行查阅相关书籍，本书在此不做赘述。

14.2 "颗粒度"问题

1. 为什么"颗粒度"很重要

面向构件的设计在理论上似乎是非常完美的，但是操作上却有一个很直接的问题：到底要将什么东西设计成构件？在 SOA 架构风格下，构件显然应该是服务。服务似乎不难识别，但是服务的"颗粒度"却是个难以回答的问题。无论是 SOA 还是后来的微服务，都很难把握"颗粒度"。

为什么"颗粒度"很重要？构件开发并不是服务之间可以互相通信、互相调用就万事大吉了，这样的逻辑对于技术人员而言好像还可以接受，但是却无法传递给业务人员，这种逻辑成了单纯的技术组装。另外，如果服务"颗粒度"划分过细，那么这样的构件开发将会拖累死通信机制，最后形成一个混乱的网状通信，使得迭代、升级变得异常复杂。

可见，"颗粒度"若处理不好，那么业务人员将无法明白 IT 到底在做什么，IT 人员也无法让自己得到解脱。本书讨论的是业务架构设计，并将业务架构的首要责任定义为"促进业务与技术的深度融合"。那么，不关心业务人员是否理解，只在乎技术"自由度"的设计方式，首先就已将"深度融合"的机会抛在一边了。而这种"抛在一边"的结果，将使技术人员也难以确认自己的"组装"到底是不是业务人员期待的"组装"。

2. 现有架构设计方式的不足

SOA 的缺点是在实际操作中并不真正关心"颗粒度"问题，一个遗留系统既可以直接被封装成一个服务，也可以将很小的功能服务化，二者的地位是一样的。所以，经常有人说，SOA 本质上是一个集成架构，它能有效地解决异构系统的集成问题，统一内部的通信方式，重担一般会直接压给企业总线。

微服务虽然很关心"颗粒度"的问题，但是却很难判断服务的合适大小。若服务太大了，则内聚性不好；若服务太小了，则通信会过于复杂，从而降低效率。目前微服务领域也只存在一些参考性的原则，并没有通用的标准。

近几年，也有不少实践采用 DDD 方法指导微服务设计，并取得了一些成果。但是 DDD 方法本身的学习门槛比较高，不容易掌握，规模不大且较为成熟的架构师团队，要在内部对其方法理念达成基本一致的理解，大概也需要半年左右的时间。

那么，之前介绍的业务模型方式是否能够在这方面起到些帮助作用呢？

理论上来讲肯定是可以的，因为业务模型的建模过程很注重标准化，标准化就是一个去重的过程，其会尽可能地保证流程构成元素的唯一性，以免重复建设。但是，任务这个层级对前文讨论的服务"颗粒度"划分或者面向构件的开发而言,粒度的"粗细"未必合适,它更符合业务视角的企业级架构设计。那么如何做才能既找到服务合理的边界,又容易让业务人员理解和接受呢?下面就来讨论一下改进之前设计方法的可能性。

14.3 构件模型的设计方式

可以在之前设计的业务模型中再增加一个面向构件的表达,并通过这一表达形成面向业务实例或者产品的构件化设计。构件模型中应当包含模板、构件、参数三个部分,设计逻辑如图 14-1 所示。

1. 构件

构件化开发要求更强的结构化,设计时应将设计对象切分成"零件",通过组装"零件"、调整"零件"来快速实现新设计。

那么"零件"应该怎么切分呢?以金融行业为例,金融行业属于服务业,金融产品就是金融服务的过程。所以,金融领域中的大部分产品与流程其实是"一体两面"的关系,将一段流程包装起来销售就成了产品,产品的"零件"自然也可以来自于流程。

流程在业务建模时就已经标准化成任务了,那么再进行分析设计,自然就是针对任务进行调整。将一个"任务"再细分成若干个"零件",抑或将多个任务聚合成一个"零件",这些打破了原有任务结构的"零件"就是可用于"组装"的"构件"。

9.1 节所讲的企业能力视图(图 9-2)中,任务与用例是有对应关

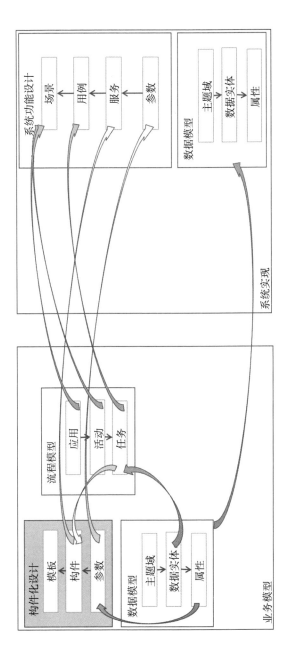

图 14-1　构件模型与业务模型、系统实现的关系示意图

系的。但构件不同于任务，其要对应于服务的设计，一个构件可以由一个或一组服务组成，这将取决于实际需要或者团队的设计习惯。构件的切分原则应当是每个构件都能够给出明确的业务含义，而不是单纯地为了给服务分分类，这种含义还应面向业务可"组装"的目标。

2. 参数

构件模型中的参数与一般项目上所做的参数化设计类似，可以通过参数配置快速刷新产品。在金融领域，参数化设计对于代理保险、实物贵金属、理财等标准化程度高的产品非常适用，因为产品之间几乎就是参数取值方面的差异，这点对于制造业来说也是一样的。对于数控机床之类的高精度工业机械而言，参数化能力比金融服务更强。

构件中的服务会涉及参数设计，参数的选择既可以定位在需要配置的参数，也可以更加宽泛地表达为构件包含的服务的外部输入报文集合和最终输出报文集合，这样做可以更方便地进行构件的组合设计。严格来说，这些参数应该都是数据模型中的属性，可以在数据模型的属性上增加参数标识，以便在数据模型中可以很容易识别出来。

3. 模板

这些带有参数的构件加在一起就形成了一个有结构的装配模板，用于"组装"业务实例或产品，这样的模板即表达了构件化设计，又可以用于参数配置，而模板本身也可以起到另外一个作用，那就是服务的编排或者"粘接"。

14.4　建立构件模型的虚拟案例

1. 采用非构件模式实现的金融产品竞价功能

涉及竞价业务的金融产品可能会有这样的流程，即资金拥有方，比如银行体系中的总行，总行具有较大的资金调度权力，可以通过对某笔闲置资金进行内部竞价，从而确定出价最高的分行可以运用该笔资金去经营业务以获取收益。因为通过竞价决定资金归谁使用其实是有机会成本的，因此竞价过程中可能还需要通过计算 EVA（经济增加值）的方式，进一步衡量其经济贡献。这一过程的业务模型可以按照图 14-2 所示的方式进行简要设计。

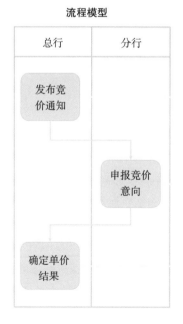
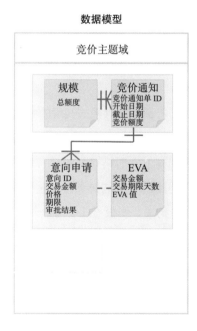

图 14-2　竞价过程的业务模型示意图

如图 14-2 所示，竞价过程的流程模型假定包含了 3 个任务，数据模型简化处理后设计了 4 个数据实体。总行发布竞价通知，这时可能会创立总额度，一个总额度可能拆分成多个竞价通知，每个竞价通知包含不同的额度；之后分行根据竞价通知申报竞价意向，报出自己的价格；总行将各分行的意向申请综合审核，计算并比对 EVA 值，然后确定最终的竞价结果。

这个业务模型进入开发环节可能会形成如图 14-3 所示的服务设计方式。

3 个任务可能会拆分成 9 个服务，这是很常见也很正常的拆分方式。通过对用例进行分析，做操作级的设计实现，即可能将任务拆分成很多细粒度的服务（如果考虑更多的业务细节，可能还要拆分得更细）。如同前文所述，对技术人员而言，这也的确是一种"组装"，具有"构件化"的特征，也符合 SOA 架构风格。

2. 采用构件模式实现的金融产品竞价功能

如果不做企业级考虑，仅从一个或者少数几个产品的角度来看，实现到上文所描述的程度，尽管在维护上有些麻烦，却也没有什么太大的问题。但是如果做企业级设计，从多个产品线的角度，深入理解业务的话，则很可能会与业务人员认为的"组装"存在差异。

比如，业务人员需要的很可能是将"竞价通知"和"意向管理"分别作为 2 个可以组装的"构件"，因为有的产品可能有竞价和意向 2 个环节，而有的产品则可能没有竞价，但需要意向环节，还有的产品可能两个环节都不需要。同为操作级的 EVA 计算则可能比其他服务具有更广泛的复用能力，可以在其他领域出现在很多不同的流程环节上。

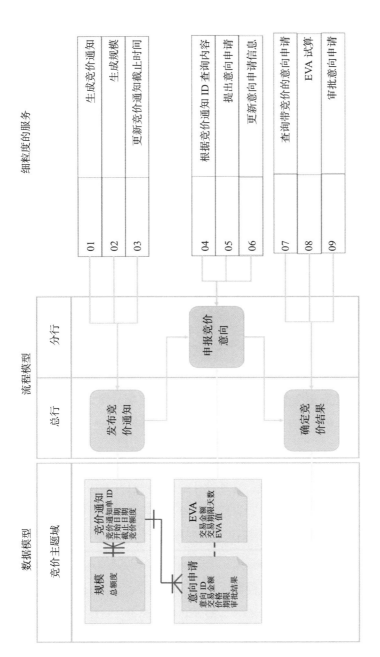

图 14-3　拆分过细的开发结果示意图

从这个角度来看，业务需要的可能不是面向操作步骤的过"细"的服务划分，而是面向如何更好地响应业务变化的服务划分方式，这就是上文提到的，基于已经完成标准化的业务架构模型，在对任务进行实现时，从企业级视角通盘考虑，如何才能设计出更有业务含义的"构件"。

按照上文的分析，这个例子的构件模型可能设计为如图 14-4 所示的模式。

业务很可能只需要两个看起来较"粗"的流程构件和一个具有更强通用性的纯粹能力构件，这种划分思路更加面向业务对"组装"（或者说"复用"）的实际需求，而非常见的、面向操作实现的、较"细"粒度的服务划分方式，不只是要满足技术视角的"组装"，同时也要满足业务视角的"组装"。

在这个简化模型中，由于"申报竞价意向"和"确定竞价结果"在数据方面是相同的，因此这两者也具备整合的基础。如果基于上述"构件模型"进行服务的重构，则服务划分结果可能只需要包含 3 个服务，这一点非常类似于基于 DDD 的微服务划分结果，但是相较而言，这种更容易上手。

不过，不得不承认的是，这种设计结果在项目开发初期似乎很难直接形成，因为其需要更多设计层面的思考，需要反复理解业务人员的想法，尤其是在涉及跨领域需求的情况下。

3. 构件模型带来新的业务模型表达方式

构件模型的思路非常符合企业级业务架构的设计目标，其本身相较于流程模型来说更贴近 IT 设计，因此构件模型在业务架构向 IT 架构

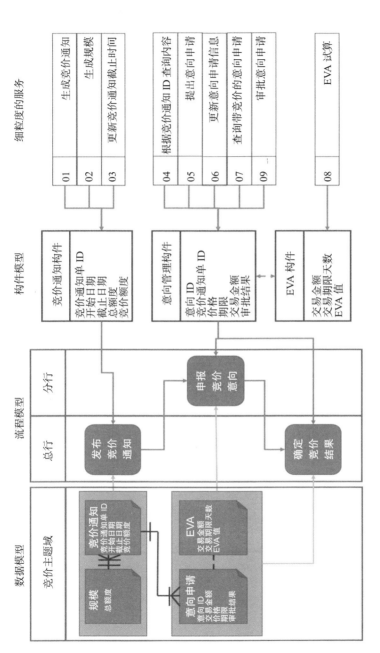

图 14－4　构件模型与业务模型、服务之间的关系示意图

过渡方面可能会发挥更大的作用。由于其视角更加面向业务，因此其仍然可以被视为业务模型，尽管其设计难度远大于流程模型和数据模型。

这种模型打破了原来业务模型较为单纯的业务属性，将业务含义与具体实现直接结合在了一起，而且是基于构件串起来的执行流程，其是一种可以在一定程度上满足流程与能力解耦的表达方式。

构件模型也会因此打破原来流程模型中的任务边界，产生新的模型表述方式，这种情况下，可以选择是否将其视为流程模型的一次新视角的迭代，替换掉原有的流程模型。将构件模型串起来的流程图如图 14-5 所示。

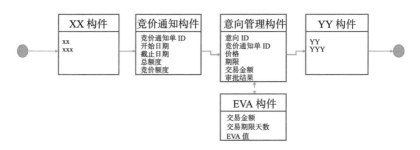

图 14-5 通过构件模型展示的流程图

图 14-5 与业务人员原来的流程表达习惯相比是有较大调整的，但是这些调整将非常有利于业务和技术之间的沟通。

进一步而言，5.1 节中所介绍的业务架构整体逻辑关系图（图 5-3）会演变成如图 14-6 所示的形式。

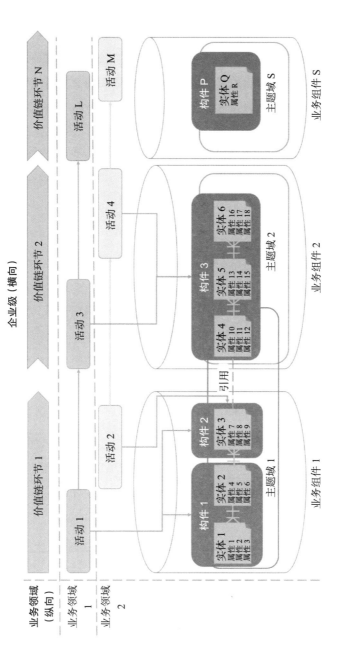

图 14-6 基于构件化设计的业务架构整体逻辑关系示意图

活动由构件串联而成，构件中既可以包含行为，也可以包含数据，这个数据既可以是完整的数据模型，也可以是只选择参数部分。若只选择参数部分，则只是将第 5 章的任务替换成了包含参数的构件，而构件中的参数是基于数据模型识别并标识出来的，逻辑上相当于数据模型中参数部分的冗余表达。

14.5　构件模型的技术设计建议

基于构件模型的技术设计可以参考图 14-7 所示的设想。

1. 参数的实现

构件化设计产生的模板可用于实例化成业务实例或产品，实例化的结果中包含参数清单，其中可配置的参数可以基于业务操作形成的赋值结果生成参数记录，用于在服务被调用时提供参数。参数中包含的界面数据项则可以用于界面的动态生成。

2. 构件的实现

实例化的结果中还包含构件清单，构件清单可以用于服务编排。根据上文所述，既然构件的执行顺序可以串成流程，自然也可以在服务编排中用于确定构件的执行顺序，当然，也可以基于界面进行触发。构件根据其与服务的关联关系，可以在其被执行时确定服务的调用顺序。

上述的编排其实更类似于编制，可能有人会认为编制更适用于流程明确的情况，但其实流程是否发生变化并没有很大的影响，实例化

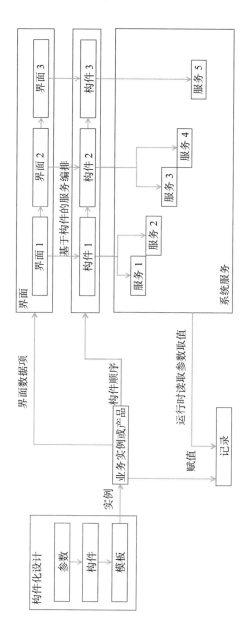

图 14 - 7　构件模型的技术实现示意图

之前流程能够确定即可。而对于实例化之前流程不能确定的情况，则可能无法实现构件顺序的预定，只能单个触发构件执行，而构件执行时服务的执行顺序相对来说还是比较稳定的。

以上只是一个比较粗略的实现逻辑，仅供各位读者参考。

14.6　本章小结

首先，这种构件设计方式是一种可选的设计方式。也就是说，如果不做这种面向组装的构件模型，只用之前介绍的业务架构方法，也足以实现企业级设计；做好参数化，也可以完成一定程度的灵活配置，只不过对于构件化设计的表达有一定的欠缺，这就要看企业希望实现的设计目标了。

其次，这种方法在业务建模过程中显然是难以一次性完成的，尤其是在企业初次进行企业级转型，做最初的业务架构设计时。同时这种方法也无法以业务人员为主去做，因为有较多的系统分析与设计方面的考虑，更偏向于技术人员的工作范畴，因此，必须要有技术人员深入参与，与业务人员一起共同完成设计。虽然更偏重于技术，但是由于构件可以有明确的业务含义，那么完成首轮设计之后，业务人员也能够轻松地使用这种模型与技术人员共同讨论新需求，以及维护模型，特别是在每个构件拆分的服务较少的情况下。

虽然本书的讨论侧重于金融领域，但是其他行业也可以找到适合自身特点的"零件"切分方式。这种方式并不是对本书前述方法论的较大颠覆，即便是用其替换了流程模型，实际上也只是改动了对任务层面的表达，而活动层面并未发生变化。因此其从战略延伸下来的分解方式是不受影响的，而只是在实施阶段对业务模型进行的一次迭代演化，将"构件"聚类为业务组件的方式也相当于基于数据模型对任务进行聚类。

从模型的角度来讲，"构件"仍然是逻辑的，要落实到"服务"才是物理的，而服务的实现很多时候会依赖于开发团队的设计习惯和经验。对于大型企业级项目来讲，如何在企业范围内逐步实现合理的颗粒度判断原则是个难题，要靠过程和沟通去逐步形成，而良好的构件模型对于实现开发风格的一致性也是有很大的帮助的。

构件化设计的关键因素其实还是对业务的深入理解，这不仅是要求业务人员应尽可能充分地提供业务知识，也是要求 IT 人员应主动地深入学习业务。钟华老师在其书中也曾感慨，"很多 IT 工作只是满足了基本的实现要求，并没有多少设计人员真正地充分了解相关的业务知识，而能够成为领域级业务专家的则少之又少"。从某种程度上讲，IT 对"业务人员"的要求实现的较多，而对"业务"本身的考虑则略显不足。对于业务的学习不仅要关注你眼前的业务人员，更需要有广泛的涉猎和持续的钻研。

本书附录 B 是笔者在业务架构设计工作期间学习《金融工厂》一书的体会，虽然没能将其理念真正带入到实现中，但是，这样的学习确实可以让设计人员看到走向系统目标的另一条路径，因其理念与构件化思路也具有一定的相关性，故收入本书，以供读者参考。

| 第15章 |

构建轻量级架构管理工具

构件模型有利于提升设计效率，是业务架构的另一种表达形式。本书所讲的企业级业务架构设计，其特点之一就是业务架构设计元素与 IT 设计元素之间存在较为直接的关联关系，构件模型依然保持了这种联系。除了分析、定位需求之外，这种联系还可以用于建立轻量级的企业架构及项目管理工具，拓展其应用范围。

15.1 构件模型的抽象要素及逻辑关系

设计架构管理工具之前，我们再来总结下构件模型的抽象结构，其结构如图 15-1 所示。

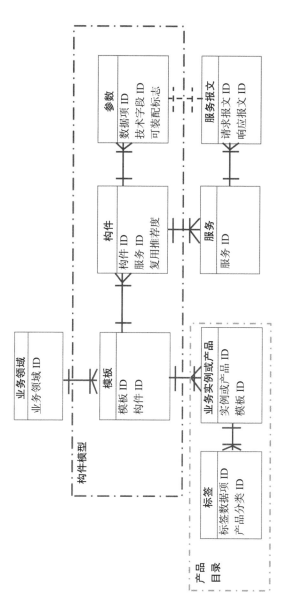

图 15-1　构件模板的抽象结构

1. 模板与构件

每个业务领域下都可能有一到多个模板用于设计业务实例或产品；模板可以包含若干个构件，组装式开发可以表达为业务实例或产品与模板、模板与构件间的对应关系。

2. 构件与参数

构件中可以记录复用推荐度，以方便业务人员后续做设计时使用；构件中还会包含多个参数，参数应尽量使用数据模型中的数据项，但是实际操作中也可能需要列入一些与业务无关的技术字段。此外，应该为每个参数注明是否可供业务人员直接配置，若是不可直接配置的参数则不提供面向业务人员的配置界面。

3. 构件与服务

一个构件可以对应一到多个实现上的服务，构件此时代表的是一个服务集合。对构件的复用并不是指去任意复用 SOA 中的服务，而是构件对应的服务整体对外提供一种能力，这才是"零件"的含义，否则，构件就不是一个真实的存在。如果原有构件中的一部分服务又被集合成了新的能力，则应再增加一个构件与之进行对应，这样的构件才真正具有部署的含义。

4. 服务与报文

由于服务可以被调用，因此服务会对应报文，报文既包括请求报文，也包括响应报文。报文中又会包含与构件对应的参数，二者既可以合二为一，也可以分开表达。

5. 实例化

模板在生产中会派生为业务实例或产品，在产品销售前及销售过程中，所有的参数都将完成赋值。

6. 产品目录

每个业务实例或产品都会有描述性的标签信息，这些信息通过集合形成产品目录。

15.2　轻量级架构管理工具的设计原理

基于以上构件模型的主要要素及其逻辑关系，结合系统设计原理，可以形成一个轻量级的架构设计和管控工具，其逻辑示意图如图 15-2 所示。

以金融领域为例，在金融领域中，业务系统的设计主要是为了实现业务实例或金融产品。因此，系统是为了支持一到多个业务实例或产品而存在的，这是用户视角的系统可见部分。

图 15-2 中所示的设计部分，业务实例或产品由模板配置而成，模板实际上是一种领域模型，不同领域的产品可能差异较大。模板之下是构件，构件代表了一个领域的具体组成部分，是"零件"。构件中包含数据，也就是参数。

构件又可以进一步分解为服务，服务实际上就包含了行为，如果是微服务设计，则也会包含对应的数据。服务作为设计上的底层核心元素，可以从统计角度包含服务归属的物理组件、引用该服务的用例、

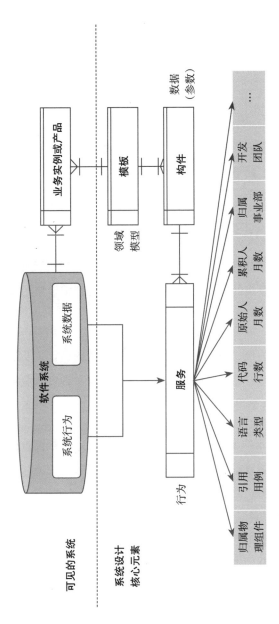

图 15-2　轻量级架构管理工具的逻辑图

语言类型、代码行数、初始开发或累积的人月数、归属的开发团队等可用于项目管理的信息。其中一些信息可以通过工具或配置信息来获得，另一些则需要人工维护。

15.3　采集项目信息的价值

尽管信息采集会带来一定的工作量，但是，其所累积起的项目信息库对于大型企业的项目管理而言是非常有价值的。毕竟目前的情况是，一个企业可能做了不少项目，其中不乏大型项目，但是积累起来的、可以用于项目快速决策的管理信息却少得可怜。只知道项目最终花了多少钱，却不知道钱都花到哪里去了，也不知道系统中的核心部分到底花费了多少成本。系统再次进行更新改造、新功能上线时，预算基本上还是采用功能点估工作量的粗略估算方法。

如果信息采集过程可靠，那么以这个逻辑建立起来的平台不仅可以用于支持快速的架构设计，还可以将项目成本分解至服务层面，甚至基于这一点来比较团队的开发效能。总之，需要考虑设计一套逻辑进行项目信息的有效收集和分析，否则项目开发永远无法向"精益"方向靠拢。

15.4　轻量级架构管理工具的优缺点

将上述逻辑工具化之后，可以基于构件模型建立起一个从业务直通底层实现且信息量丰富的轻量级架构工具。从之前的讨论中我们可以发现，该工具的优势具体如下。

1）便于业务人员理解深层设计，从而提高业务人员的参与度，加深业务与技术的融合度。

2）能够有效展现系统的构件化程度和组装方式，加快系统分析、定位和设计的速度，提高沟通的效率，尤其是对于跨组件、跨部门、跨团队的设计，实际上是将业务架构和应用架构结合在了一起。

3）对底层服务进行详细描述，可以累积项目自身的数据信息，以便进行快速成本测算、可行性评估。项目预算其实一直都是企业的困扰，因为其缺乏有效的估算方式，又难以结构化地利用历史数据。这种方式能够提升评估的准确性，减少项目预估结果的波动性，再基于实际支出情况不断进行调整，可以逐渐提升其精确性。

当然，轻量级架构管理工具也存在不足之处，显然其需要投入一定的精力去维护。不过这种精力上的支出应该尽可能地与项目同步，不要变成后补之类的处理方式。

15.5　应用轻量级架构管理工具管理新需求

作为架构设计和管控工具，轻量级架构管理工具自然要用于分析和管理新需求。第14章中曾介绍过，构件模型可以形成新的流程表达方式。不同于业务模型是基于角色和职责的，构件模型是基于系统结构和关系的，其通过一条顺序流"串"起构件，形成完整的业务处理过程。因此，新需求可以快速定位到系统的修改位置。如果需要新增构件，则可以很容易定位到需要增加构件的位置，分析新构件与原有构件的关系。最重要的是，这一切可以很方便地由产品经理、业务人员来完成，并提高业务人员与技术人员的沟通效率，其工作方式设想图如图 15-3 所示。

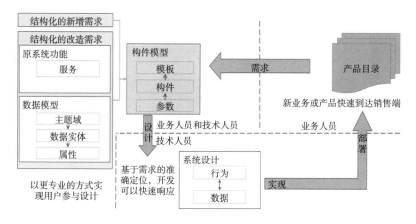

图 15-3　应用轻量级架构管理工具管理新需求

1. 原有功能改造需求

业务人员在产品销售或服务提供过程中产生新需求，通过产品与模板的对应关系，找到实现产品的构件模型，与技术人员共同基于构件模型分析产品需求的实现位置。如果是对原有产品进行改造，则可以根据构件的切分，快速找到需求的实现位置，进而定位到需要改造、新增的服务及数据。

2. 新增功能需求

如果是原先没有的业务环节或者是全新产品（这种情况其实较少），则会产生构件级别的新增。但是基于原有的业务环节，可以很快定位出新增环节与原有环节的关系，设计前后构件间的数据关系、构件接口。

在这种分析模式下，可以让业务用户以更为专业的方式高效地参加到业务或产品的设计过程中，将更加精准的需求传导到开发环节，从而提升开发效率。

如果在企业之前的开发模式中，业务人员需要提供较为完备的业务需求文档，那么在现今这种工作方式下，业务人员的工作量将会大大降低；如果在企业之前的开发模式中，经常出现"一句话"需求，那么在现今这种工作方式下，"一句话"会变得更为精确。

业务架构的设计成果要想具有生命力，最重要的莫过于经常使用，这一点对任何架构设计模式来说都是一样的。使用该工具管理新需求，其目的就是将业务架构变成连接业务与技术的"通用语言"，使用越多则沟通越容易，也就越容易被各方接受以用于沟通，这是一种正向循环。因此，一旦选择了走企业级业务架构这条路，请务必记住《红楼梦》中贾宝玉的"通灵宝玉"和薛宝钗的"金锁"后面的铭文："莫失莫忘，仙寿恒昌；不离不弃，芳龄永继"。

第16章

基于构件模型谈谈传统企业的产品创新

企业能够长期存续的基本条件是其能够为客户持续创造价值，无论"以客户为中心"多么重要，价值送达的载体依然是企业提供的产品或服务。"以客户为中心"只是改变了用户看待产品的视角，却并没有改变产品的本质——服务能力。

构件模型可以面向产品或服务提供简洁、直观的设计蓝图，从而提升开发效率，那么是否可以延伸这种能力，以构件模型为中心，更好地改善传统企业的产品创新管理能力呢？笔者认为，创新管理离不开信息传导、信息分析、创新平台这三个方面，而以构件模型及其架构管理工具为基础的实现模式，则有助于增强这三方面的能力。

16.1　信息传导：打造信息传递高速公路

对于产品目录，相信读者并不陌生，无论是现今已经近乎绝迹的邮寄产品目录，还是超市门口经常有人发送的打折商品目录，这些都是产品目录。由于在日常生活中，我们都是各种产品目录的"轰炸"对象，因此也就不难看出，产品目录的一个作用是传递产品的信息。上面所列举的例子都是信息由企业内部向外传递，但是，很多人都忽视了它的另一个方向，那就是信息由外向内传递。对于这种传递不仅意识到的人不多，在开发中真实去应用的就更少了，而能形成企业级信息传导能力，通过产品目录构建起"产品信息传递高速公路"的，则是少之又少了。

在第 15 章中，我们分析了通过构件模型建立轻量级架构工具的方法，通过构件与服务的关系关联起开发信息，形成架构管理依据，可以支持快速开发的需要和提升项目管理的科学性。这是构件模型向开发上的延伸，但是既然构件模型可以用于组装产品，那么自然也可以向业务端延伸。在第 15 章的构件模型抽象结构图（图 15-1）中，左下角虚线框起来的部分描述的就是产品目录的基本逻辑。

产品目录实际上可以包含很多信息，而不像图 15-1 中所示的信息那么少，可以包含设计者、管理者、销售方、合作方、产品特征、适用客户群体等各类描述信息，也就是"标签"。产品目录可以仿照互联网产品管理方式，构建"海量"标签库，再通过产品销售信息关联客户，形成一个庞大的"图谱"，一张通过产品目录连接起来的信息网。当这个网络具备企业级规模时，它所产生的信息传导能力将是惊人的，而信息正是创新产生的基础。

　　产品目录能够连通公司内外，连通业务和技术，将市场信息、客户信息、销售信息、伙伴信息等各种信息通过高维数据结构组织起来，让海量信息分门别类地流向信息需求方，成为一个高效的信息传输渠道，这才是企业级产品目录真正的价值，并非仅是分类和统计产品。

　　当有信息无法沿着产品目录进行传递时，我们可以发现是否缺少了与之对应的产品或者产品维度。如果能够按照产品目录汇集起海量、多维、完整的产品信息，就可以通过大数据和 AI 技术，进行更为广泛、深入的信息挖掘，产生超过单点分析的业务效果，包括产品之间的相关性、客户行为的相关性、内外部事件与产品的相关性等一系列综合分析，这是需要通过产品进行串联的分析工作。

　　有效应用产品目录来组织信息，可以更加贴近业务对信息的理解；经过整理的产品分析信息也可以直接推送给项目开发团队，完善项目效果反馈机制，提高设计人员了解市场信息的及时性。

　　以上介绍可以用图 16-1 来表示。

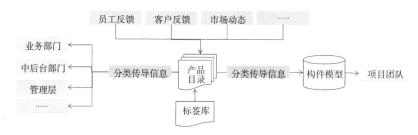

图 16-1　通过产品目录传导产品信息示意图

16.2 信息分析：创造高维数据

1. 用标签打造高维数据

形成信息归集、整理和传导能力的关键因素是数据维度，而最能有效支持信息分析的也是数据维度，只有具备高维度特征的产品信息库才具备构成产品大数据能力的基本条件。大数据的价值不仅在于数据量，更在于数据维度。维度才是描述对象特征最重要的手段，而每一个标签都是一个产品维度。

标签的作用是使用概括性词汇或短语来描述某一内容，这些内容可以是文章、商品、视频、图片、歌曲、评论、联系人等，图 16-1 中所示的员工反馈、客户反馈、市场变化等都可以被标签描述并关联到产品上。一个产品能够具有多少有效的标签，反映了产品适用范围的宽窄、承载信息能力的大小、对象描述能力的强弱。

标签不仅用于分类，与分类相比，标签的形式更为灵活，可以无限拓展、自由添加，可以在保持单一分类的情况下，满足各种视角的灵活展现，电商行业往往拥有海量的标签库。图 16-2 所示的是电商行业标签应用的示例。

从实现上来讲，标签数据包含标签、产品，以及标签与产品的关系三个部分。标签根据产生方式的不同一般分为用户打的标签和系统打的标签两类，前者根据用户（包括内部用户和外部用户）的需要，在用户使用界面由用户添加，后者则根据预设的判断规则由系统自动添加，比如若点击率超过某一限定次数，则判断为热点等。目前传统行业中此类应用较少，应该加大对标签的研究力度，丰富标签信息，增加标签产生和应用的方式，以便更好地建设大数据能力和 AI 能力。

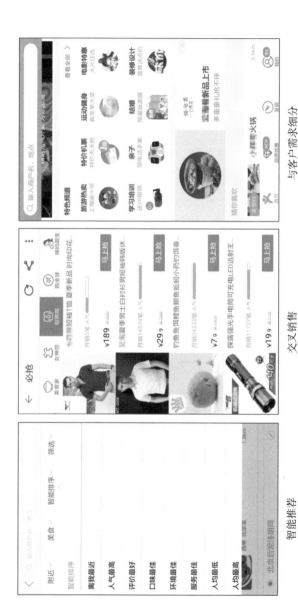

智能推荐　　交叉销售　　与客户需求细分
结合的产品推荐

图16-2　电商行业标签应用示意图

2. 标签比分类更容易做企业级推广

为产品贴标签、做分类也许会被认为是一件再正常不过且不会太难的事情。但是，在大企业中，如果这件事是部门级的，那么难度的确不大；如果是做企业级的，则可能就不太容易了。这不仅是笔者做项目的体会，笔者了解到的其他金融机构也都差不多。

多数金融企业以前并没有做企业级产品目录的经验，都是部门级甚至是分行级的，各系统间的产品定义自然也是千差万别，所以区分什么是产品、什么不是产品、该如何分类、分类的层级有多少、每个层级应该怎么确定，存在诸多争论。十几个大型产品条线、上万种具体产品，还不算分不清是不是产品的物品，这些就够梳理一阵子了，这其中又与部门利益多少是有些关系的，所以不是很容易协调。

标签处理比分类容易得多，标签可以根据需要灵活地进行定义，每一类不同的需求都可以转化成不同的标签集合。为产品赋予大量的标签，可以满足在不同视角展示和应用需要，这也就减少了部门对分类这种相对固定又带有一定权威象征的资源的关注。

3. 构建业务与技术兼顾的产品目录

从设计的角度来讲，基于构件模型，设计人员应该关注的主要是产品和模板的映射关系，这个映射关系相当于产品的产地和配方标识，通过它可以找到产品的组成构件、构件的提供方等关键信息。也就是说，IT 人员多看待产品时并不需要那么维度，构件模型本身就是 IT 侧需要看到的"产品目录"。产品和模板的映射关系如图 16-3 所示。

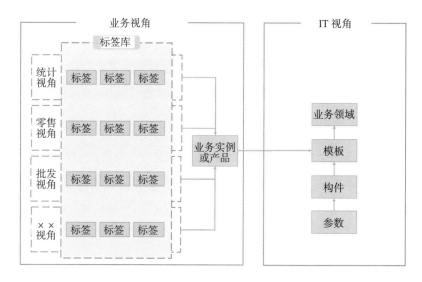

图 16-3　兼顾技术与业务的目录设计示意图

由图 16-3 可以看出，这种方式比传统的基于分类的目录结构更具有扩展性和弹性，可以兼顾业务和技术的不同需要，同时其更有助于实现本章所提倡的通过产品目录建设"产品信息传递高速公路"的设想。当然，标签数量过多确实不易于维护和使用，除了要不断地改善技术手段之外，我们还应当认识到，凡事有利必有弊，要获得回报也必须要有一定的付出。目前的人工智能也是先有"人工"才有"智能"。

16.3　创新平台：扩展构件模型

产品是一个企业的价值载体，是为客户服务的实例化表现形式，无论是生产类企业还是服务类企业都是如此。产品将企业与客户紧密联系在一起，其也是企业内外部信息的重要连接点，因此，应当在产品的系统化管理及实现方面多花一些精力。

很多企业都关心创新及创新的效率问题，特别是总觉得自己比互联网企业跑得慢的传统企业。首先必须声明，创新是一个复杂的大问题，人、制度、内外环境等要素缺一不可。所以，笔者不是在此兜售"灵丹妙药"，而只是从建设平台化的产品创新管理能力这个角度，谈谈提升创新效能的设想。

从之前的介绍中我们可以看到"业务信息→产品目录（标签化）→业务实例或产品→模板→ 构件→服务→项目信息"这样一个完整的由业务延伸到技术的链条，这个链条上汇聚了对创新而言必备的主要信息。通过这个链条，可以将一个产品的需求、设计、核算、反馈、改进都汇聚起来。因此，以这些信息为基础，可以搭建一个产品创新管理平台，这个平台的逻辑设想如图 16-4 所示。

1. 核心域

平台的核心域为产品设计域，产品设计域包括产品目录和构件模型两部分，前者是面向业务端的高维数据实现和信息汇聚，后者是面向开发端的产品实现，这两部分的内容之前已经介绍过，因此这里就不再重复了。

2. 支持域

（1）产品创意域

创意是产品的设计来源，很多企业都鼓励内部创意，也有企业将创意管理系统化。如果具有产品目录和构件模型，则可以更好地对产品创意进行分类，比如对模板的创意、构件的创意、服务的创意或者凭空产生的全新创意，这些标签可以更好地引导创意的流向。

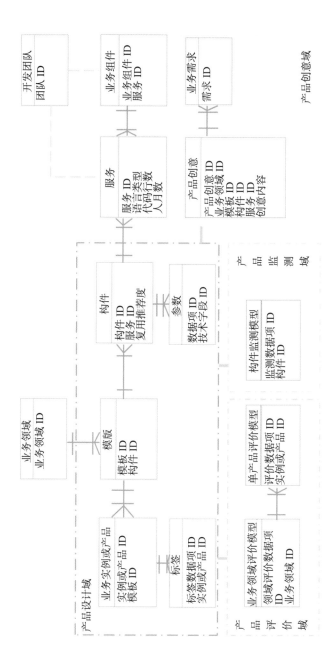

图 16-4　产品创新管理的平台设计逻辑图

对创意的初步定位有利于创意的快速传导，这也考验了整个企业对于业务模型这种通用语言贯彻的效果。如果有相当一部分业务人员都能够（或者在业务架构人员的协助下）了解自己领域的业务模型以及对应到构件级的系统结构，那么创新的效率一定会大幅提升。

近年来，倡导业务与技术深度融合的呼声不断高涨。但在此之前，业务的归业务，技术的归技术，信息给到但互不干涉是开发中常见的情况。但是日后，随着融合程度的加深，创新前互相弄清楚对方在干什么、怎么干，是很有必要的。

此外，除了全新的创意，还有些创意可能是基于业务需求形成的，这类创意可以建立与业务需求的关联关系，以识别重复需求。这种关联关系虽然不难建立，但是操作过程中却很可能会由于录入者嫌操作麻烦而被忽略掉。

（2）产品评价域

产品评价也是企业关心的话题，不少企业也为此头疼。有人提出高大上的理论结构，也有只能看看报表、读读数的"表面"评价。产品评价不是一件容易的事情，而更不容易的是做企业级产品评价。

产品评价难的是指标体系，如果企业内部产品之间的差异较大，做出一套各部门都认可的企业级指标体系不大容易。就像之前介绍的，产品分类都难以达成一致意见，更何况这种直接与工作业绩挂钩的产品评价呢。在这方面，笔者认为，自上而下地去做企业级产品评价的操作难度太大，还是 DDD 建模的理念比较靠谱。从单个领域出发，一个领域一个领域地构建评价模型，而领域内部则要一个产品一个产品

地进行分类。归类后，再一个类别一个类别地与业务人员去尝试建立
评价模型。单产品的评价模型顺利运行之后，再逐渐汇集领域视角的
评价方法。而企业级的评价最终应当来自于可靠的领域评价指标体系
的汇总与整合。评价的数据来源通常是生产系统或者数据仓库的数据，
大多还会附带少量主观评价指标，需要人工打分处理。

（3）产品运行效率监测域

这部分主要依赖于构件模型的特殊性，构件与服务之间拥有明确
的联系，而构件可以按照执行顺序形成设计视角的流程模型，这一点
在第 14 章中曾有论述。这种流程划分方法为监控每段流程的执行效率
提供了很好的依据，可以通过运维平台的数据汇总出每段流程的执行
时间、流程间的等待时间等，以更好地分析流程的改进点，这比到柜
台去现场计时要有效率得多，而且还可以充分利用运维信息，随时分
析各地情况。如果架构设计得当，那么运维数据其实可以包含更多的
业务含义，或者可以反映一定的业务问题，这都需要多加关注。

以产品设计域为核心，产品创意域导入新需求、新理念，产品评
价域考核产品绩效，通过产品串联起需求、设计、评价形成闭环，产
品运行效率监测域则用于提供辅助的效率改进点。以这个抽象结构为
基础的产品创新平台应该可以用于传统企业的产品管理工作。但是该
结构在如何改进提升平台自身效率方面还有很多需要研究之处。

16.4 　构件模型及其应用设想的不足

在业务组件内部以面向构件化开发的视角重新精炼业务架构模型，
更加有利于强化业务与技术之间的沟通，并且可以通过对产品设计的

关注，进一步提升企业的创新效能。但是，这种方法的不足之处也不容忽视，具体如下。

1）不易于在企业级项目初期产生相对成熟的设计，而是需要经过反复精炼。

2）架构设计的模型形态与业务人员较容易理解的流程模型形态之间存在较大的差异，因此需要一定的学习成本。

3）构件类型作为架构管理工具，需要经过一定时间的数据积累才能实现，且成本统计可能会由于数据录入结果等人为因素而不准确。

4）产品目录的信息传导能力也需要较长时间的建设才能形成。

以上难处需要实践者通过时间和决心予以克服，并在实现过程中不断基于企业实际情况对该方法进行微调。

其实，每一个企业在企业级转型的过程中，都应当基于自身经验进行方法论的创新和调适。在企业级转型项目结束之际，形成自己的方法论，培养出自己的方法论专家，这是知识沉淀与升华的过程，不能只关注"行线"的完成，而不关注"知线"的建设。

此外，应将"知线"逐渐开放，这是对社会的最大回馈，在架构领域尤其如此。能构成长期优势的并不是技术上的"独门秘籍"，而是享誉天下的"武德"，这才是数字领袖最难得的境界，也是所谓"侠之大者，为国为民"的精神所在。

| 第五部分 |

业务架构与中台篇

虽说架构方法并不是用来打擂台的，但是人们在方法的取舍过程中，难免会对架构方法"品头论足"一番，毕竟实施过程是要消耗大量的人力和物力的。方法的选择如果不符合实际需要，则往往会导致事倍功半的问题。

第17章

中 台 之 上

中台是当下非常火的一个技术概念，尽管中台本身并非一个明确的定义，而更像一个比喻，就像钟华老师引述美军的"火力中台"来类比阿里集团的"业务中台"一样。中台设计。如果是从业务架构的角度来看，那么中台只是企业级业务架构规划会导向的结果之一。如果说阿里集团的中台有什么不同之处，那可能在于其具有更多自下而上的特点，但这并不意味着自上而下的规划不能产生中台设计，本章笔者就着重比较一下自下而上和自上而下的区别。

17.1 阿里中台简介

笔者曾经参加过阿里培训班，现场聆听了"云栖大会"精英们对阿里技术体系的解读。培训前后又读了子柳老师的《淘宝技术十年》和钟华老师的《企业 IT 架构转型之道：阿里巴巴中台战略思想和架构实战》，算是对阿里集团的中台概念有了一个粗浅的认识。

阿里集团的中台的构建是一个累积的过程，从 2009 年建立共享事业部开始，几经曲折，持续积累，直到 2015 年才正式发展成中台战略。可见，这是一个演化的过程，这也符合大多数人对架构的认知：大型架构、好的架构都不是一蹴而就的设计，而是根据实践不断磨合、调整得来的。

阿里集团的中台大约包含了十几个共享业务单元，包括用户中心、商品中心、交易中心等。淘宝、天猫、聚划算等 25 个大型业务应用都是由中台的共享业务单元支持的。共享业务单元的划分原则其实不是简简单单就可以掌握的，而是要综合考量设计、运营和工程因素，尽可能遵循"高内聚、低耦合""数据完整""业务可运营"和"渐进"的原则。阿里在划分共享业务单元时非常重视其业务价值和基于业务的设计，而且设有业务架构岗位，每个共享单元都有业务架构师，并将其视为非常稀缺的"复合型人才"。但总体来讲，其业务架构仍然是领域性的。这点在笔者与阿里集团的专家的交流过程中可以得到印证，他们也认为阿里集团仍然缺少更高一层的抽象，也就是我们常说的企业级业务架构，但是显然这一层比较难于设计和维护，或者并不合互联网公司之前的"胃口"。

阿里系统要解决的核心问题是高并发、可扩展，也就是说，规模带来的复杂度对阿里集团而言更具挑战性。因此，业务通过中台进行共享支持之后，基础设施必须能够消解这种压力。阿里集团采用去中心化（也就是去 ESB）的 HSF 分布式服务框架，以支持服务的点对点调用，用于解决 ESB 可能产生的瓶颈问题；采用微服务设计方式，提高变化响应,并积极研究 DDD(领域驱动开发)等设计模式,以提升设计效率;自研设计了分布式数据层框架 TDDL(Taobao Distributed Data Layer,又称"头都大了")以及分布式数据库 DRDS;研发了支持分布式事务处理的 AliWare TXC;支持高效故障定位和运维监控的鹰眼平台;实现了限流和优雅降级设计,以及做保障的全链路压测平台、业务一致性平台等。这是一套完整的基础设施,可以提供针对电商业务特点的支持。值得一提的是,阿里在其发展过程中,是主动进行去IOE 化的,因为其业务规模的迅猛增长导致了 IOE 模式出现了效率瓶颈,更重要的是解决该问题需要极其高昂 IT 建设成本,在阿里集团尚未如今日般"富有"的时候,不先摆脱 IOE,公司可能根本就发展不起来了。

总结起来,阿里集团的中台是其自身在业务不断发展的过程中演进和磨合出来的架构,以"厚重"的共享中心支持"灵活"的前端应用,其架构即体现了电商的业务特色,也包含了完整的技术支持体系,实现了业务与技术的充分融合。由于其具有灵活支持和快速响应的能力,因此阿里中台成为互联网企业架构的优秀实践案例和设计标杆。也正因如此,目前很多人提到中台战略基本上就会想到阿里,毕竟他们是主打这张"牌"的。

17.2 企业文化的作用

互联网行业历来有"胜者通吃"的传统,阿里集团如今在业务和技术上的成功也使得中台一词名声大噪,好像一颗"银弹"就此诞生了。但是,熟悉架构设计的朋友都很清楚,软件工程上是没有"银弹"的,而阿里集团的优秀也不是单纯学学中台技术就可以复制过来的。

从笔者的观察来看，阿里集团技术上的成功离不开其滴水穿石般逐渐形成的企业文化。

1. 明确底线

阿里集团在管理文化上首先是有明确"底线"的，那就是对诚信问题的"零容忍"和带有末位淘汰性质的考核机制，"底线"将员工"逼"到了一个必须有较强自律性、自我负责的状态。

2. 开放上限

阿里集团在人员晋升方面拥有一个开放的"上限"，晋升主要是拼个人实力。每年设有定期评审时间，每个人都要通过方案讲解等方式向评委会展示自己的年度成果，得分够了即可晋升，而不会像一般大型企业那样有各类明的、暗的晋升限制。并且，阿里集团有多种序列可供员工选择，前中后台，不同条线的员工大致都可以达到相同的晋升高度，这样员工在某一序列的发展中如果遇到瓶颈就可以很方便地进行转岗。

3. 鼓励好奇

"底线"和"上限"之间就是鼓励培养浓厚的创新精神和好奇心，阿里集团不止一位高管人员在公开场合称赞阿里员工的"好奇心"。正是这种精神鼓励员工不断探索，自我驱动，挑战极限。

这样一套体制可以让员工相信凭借自己的实力就能够赢得一片天地，而这种氛围又可以让很多传统企业，甚至于在一些互联网企业、科技企业中也存在的组织壁垒、部门主义、人浮于事、推诿扯皮等问题，得到一定程度的解决，尽管不会完全消除。

应该说，阿里集团这些年的成功，包括中台战略的落地在内，与这种企业文化的逐渐形成和稳固是分不开的。如果只是单纯地照搬阿里集团的中台技术，那么学习者可能只是获得了一套工具、一套技术栈，并不会真的改变自己。还有一点也必须指出：如果企业的业务规模远达不到阿里集团这么大，那么有些技术手段或者工具其实是发挥不出其应有的最大价值的，但却依然要付出一定的学习成本和迁移成本。

这就如此获得了一把狙击步枪并不代表你就能成为狙击手一样，同样的道理，学习阿里集团的中台，也要在一定程度上学习能够让技术真正发挥价值的环境，而不只是关注技术本身。对于大多数企业而言，首先还是要认真地从自身的角度出发去考虑业务和技术的发展规划问题，之后再开始着手具体的解决方案。

17.3　由业务架构方法可以推导出中台设计吗？

1. 业务架构可以推导出中台模式

阿里集团其实很重视业务架构设计，每个共享单元都有其自己的业务架构，这恰恰是很多企业所没有的。业务架构本身是一个有着二十多年历史却依旧不愠不火的领域，但是在阿里集团内部却发展得很好，这也证明了业务架构设计有助于建立中台规划。阿里集团内部做架构设计有时使用的是 DDD 方法，其在每年的 DDD 峰会中也都进行了经验分享。DDD 是一种从业务设计直通技术设计的系统分析方法，但其特点是面向领域级，对企业级设计的支持有限，阿里集团对该方法的使用也证明了这一点。

阿里集团对共享中心的设计，与业务组件的设计实际上是异曲同工的。每个共享中心在前端支持上，都是既包括单独服务的调用，也包括整段流程的封装，这与本书所介绍的企业级业务架构设计，包括作为改良建议的面向构件的设计，在逻辑上并无太大差别。而共享中心设计中对工程上的考虑，其实质是从实现的角度对业务组件或者构件进行的分组。所以，完全可以基于企业级业务架构设计得出中台规划方案。

中台模式与组件化一样，都是实现快速响应的方式，仅就这一点而言不能简单比较两者孰优孰劣。由企业级业务架构产生的组件化模式，核心优势还在于有效连接战略与开发，实现上下贯通的一体化设计，这是中台模式考虑较少的地方。

当然，企业级业务架构设计方法并非"银弹"，更不能简单照搬其他企业的架构套在自己身上。它更像一面镜子，镜子中照出的只能是你自己，而照镜子的过程也是一个"赋能"的过程，赋予你认清自己的能力，"自知者明"。没有这个过程，企业很难选出适合自己的发展方向和能力建设方向，更别提企业转型了。

2. 业务架构方法具有更大的优势

2018 年 12 月的 DDD 峰会上，阿里巴巴等公司除了进行了实践介绍之外，还推出了一个业务架构专场，介绍画布分析法。随着软件设计的发展，人们对标准化、可复用设计方面的追求日益增强，而且近年来市场对业务与技术深度融合的要求也在不断地提升，重视业务架构的人也在不断增多。

为了应对技术带来的变革，很多企业在数字化转型方面投入不菲，但收效却不高。究其根本，大多是因为在企业级业务架构上投入的精力太少，而在缺乏清晰规划的情况下对技术又依赖过重、寄予的期望太高，这就导致了业务向技术传导的不畅和技术对业务的理解不深，使双方无法顺利"牵手"。很多技术人员还依然保持着"业务的归业务、技术的归技术"这种设计思想，割裂了业务和技术之间的有机联系。而业务人员也苦于无法深入理解设计，对实现也往往是"一头雾水"，无法帮助技术人员合理应用新兴技术。

企业级业务架构是连接企业顶层战略和技术实现的桥梁，是业务人员和技术人员互相沟通理解的桥梁。业务架构基于企业目标进行业务能力和流程的整体规划，对业务能力进行标准化、组件化。实际上，遵循业务架构设计方法，不断基于自身的实践进行积累和调整，任何企业都能发现适合自己的架构，包括适合自己的中台规划，之后再根据企业的业务规模和发展预期选择合适的技术栈。

企业级业务架构设计的真正威力还体现在对企业的整体认知、规划与改变上。深入开展企业级业务架构设计，足以将一个企业完整、深刻地联结在一起，这不是领域级设计可以解决的问题。从这个角度来讲，企业级业务架构设计堪称"中台之上"。相对自下而上的"生长"方式而言，企业级业务架构设计更适合于传统企业的数字化转型实践。

对实践的再次思考

笔者虽然从事了多年的企业级业务架构工作，但是总觉得业务架构很难讲清楚。业务架构离不开业务模型，所以要想讲解业务架构就得搬出一堆枯燥的模型，甚至会让人误以为业务架构就是建模。

实际上，建模只是进行业务架构的手段，建模的目的是将现象总结成模式，再从模式中找到结构，将业务上看到的结构传递给技术。如果业务人员和技术人员能够基于同一结构进行思考，那么沟通上将具备最大的便利，这就是通用语言的基础，其实说通用语言，可能不如说通用结构更容易理解。因为语言经常会将人带到语法层面，纠结于规则、概念、标准之类似是而非的问题。

所以，笔者总结建模的原则无非是把握整体、穿透现象、保证落地，建模既不能死守规则、冥顽不化，也不能脑洞大开、信马由缰，必须从一开始就关注如何落地。建模不是建立一个自给自足的"世外桃源"，而是为后续过程传导总体的设计图纸。业务建模可以有前瞻性，但是所谓的前瞻性是能够看清分阶段实施路径的前瞻性。

企业级业务架构是在不断演进和迭代的，它拥有生命力，可以成长。如果架构管理工具本身支持历史记录和模式比对，那么你也可以看到企业级业务架构的演进历史，而不是只看得到现在，只能听别人讲讲过去，过去是可以看见的。这种可视化的历史是一种宝贵的学习资源，人是从历史中学习未来的，毕竟有很多行业都是需要积淀的。

但是，不得不承认的是，业务架构的形成过程的确是在一种看起来科学的方法论下，不完全科学地进行操作的。关于这一点笔者曾经也很纠结，后来软件架构的书研读得多了，再加上自己在项目中的观察，对于这个问题也就逐渐释然了。做软件架构的其实很羡慕做建筑架构的，觉得建筑架构有力学基础做支持，有很多可以计算的东西，软件架构却没有多少能够计算出来的成分。

在开源思想时兴之前，行业内部交流分享较差，大家更愿意看别人的架构，而不想亮出自己的架构，很多研究者都在抱怨，这本来是一个非常需要标准的行业，现在反倒变成了"老死不相往来"。开源为架构和软件带来了新的成长方式，共享让思维发展得更快、普及得也更快。但是，软件架构本身却只是积累了大量的案例，依旧难以标准化、自动化，哪怕是同一个行业的企业，为这家开发的软件却不能简单移植到另一家，很多商用化了的系统软件也还是离不开各具独特个性的本地化改造过程。云计算带来的 SaaS 虽然让软件应用省去了许多部署过程，但是，依然难以改变这个行业个性化程度严重的局面。软件架构尚且如此，业务架构也就更不需要再继续纠结了。

对业务架构进行设计可能很快，也可能很慢。快无非出于两种情况：一是架构师自身的技术已达到炉火纯青的境界，设计能力超强；二是原有业务模型本身就已经很清晰了，可以快速分析业务变化，形成架构设计。我们更应该追求的是第二种情况，这也意味着首次建模，尤其是首次建设企业级模型，不要过快，对模型设计方法、业务流程分析、标准化过程，都要认真细致对待，只有基本功扎实了，才能有后面的"敏捷"。

企业级转型不可能是轻轻松松就能完成的，不少企业只是将企业转型当成一个项目，而忽视了对自身的调整。一个普通士兵要想变成一个特种战士，不是因为给了他一身价值高昂的装备，而是经过了地狱般的训练。上至最高管理者，下至普通员工，若人的思维不发生转变，则不会带来企业的转变。

为了推动企业进行真正的数字化转型，业务架构设计人员永远不要忘记，业务架构最重要的职责不是传递需求，而是藉由自身的努力，推动业务和技术的深度融合，业务架构最重要的职责是起到桥梁连通的作用。如果不能实现这一目标，也就不能真正实现一个快速响应内外部变化的企业级业务系统。

无论设计概念有多火热，客观地讲，一个优秀的架构设计人员是不会"迷信"于任何一种架构设计方式的，也不会执着甚至偏执于方法间的争论。没有哪种设计方式是完美无缺的，软件行业没有"银弹"，任何一种方法都需要长期坚持与灵活运用的结合，都需要通过长期的实践不断进行总结和改良。如果一个方法没有被坚持数年以上，那么它可能连入门都谈不上了。

造成企业之间存在差异的其实不是"方法"本身，如同前阿里集团中台政委苗朝辉女士 2018 年年底在一次人力资源峰会上的分享："很多工具和方法也许大家都在做……不太一样的地方只是将这个工作和方法持续做到位"。所谓"工匠精神"，重在持之以恒的"匠心"。

对中台模式和阿里集团的认识笔者还只能算是个外部观察者，本书也并非为了解释中台而著，其间论述可能存在偏颇之处，还请读者批评指正。

对方法论的研究，需要大量不同的声音，"如切如磋，如琢如磨"，愿有更多兼具经验与智慧的朋友能够为架构设计的发展和开源做出贡献。

位置、力量、资源

《海军战略》一书，是美国海军学院院长、海军少将、历史学家、理论家艾尔弗雷德·塞耶·马汉（Alfred Thayer Mahan，1840 ～ 1914）所著，是作者根据 1887 年至 1911 年期间在美国海军学院讲授海军战略和多年研究而撰写成的著作，是作者关于海军战略理论的代表作之一，也是世界上第一部海军战略理论专著。虽然本书自出版至今已有百余年历史，武器和作战形式已然发生巨变，但是作者阐述的"基本原理"却历久弥新，对于我们今日的模型工作也有可借鉴之处。

马汉总结的基本原理之一是，"任何地方的战略价值都要取决于以下三个基本条件：位置、力量、资源"。

位置是战略价值的基础，马汉在书中反复引用拿破仑的名言，"战争就是处置位置",并强调"中央位置"对于形成内线优势的关键作用:只有控制了中央位置,才可俯瞰战场,占尽地利。其实我们今天的模型工作,恰好居于现实世界和物理世界的"中央",一边是真实业务构成的现实和需求,一边是网络、软件和硬件构成的系统,作为连接二者的桥梁,业务模型是必经之路。而且,在企业级建模这个高度,"中央"的位置更加明显。我们要从总体战略着眼,观察业务能力的分解实现。从模型出发,我们能在最短的时间内到达业务的任何一点,这是"内线"的优势,也是我们在进行业务建模之前不曾出现的"位置"。位置的价值不言而喻,但是具体评价一个位置的战略价值,还要了解其是否能以适当的方法被绕过。一旦开辟了新的航道,旧位置的战略价值势必会随之削弱,苏伊士运河、巴拿马运河的出现都创造了新的战略位置。业务模型也存在同样的忧虑,从整体态势上来讲,业务团队、开发团队并没有居于"中央位置",他们分散在各处,并且由于习惯等多种原因,有各种旧的路径可以尝试,走旧路的方便也常常胜过对走新路的担忧,这都会使得"中央位置"的战略价值有所降低。因此,我们不但要从制度、验证等方面入手,控制出现范围外开发的情况,更要严格监督二期、三期施工的企业级方向。只有保证施工的企业级方向正确,才能造就新的地貌。这种新的地貌将使"中央位置"的"内线"优势凸显出来,使业务团队、开发团队都了解到,通过业务模型才能更快捷地走到他们想要到达的地方,其他途径只是绕远,徒增混乱。

再好的位置,如果不善加利用,也无法形成价值,而利用位置,则必须要有力量。在马汉的基本原理中,力量来自于舰队、要塞等军事单位,只有足够的力量才能充分发挥位置的作用。但是,对于模型工作而言,这个力量是"软实力",不能单纯依靠行政指导,而是要运用模型产生的效果，不仅要做到上文提到的"快捷"，更应注重运用模型分析问题、解决问题的能力，也就是模型对于业务架构的管理能力，近期对各种棘手业务问题的处理，已经显示出模型作为分析工具的价值。我们不仅能够了解到目前的能力都分布在什么位置，更能够得知一项业务需求该去向何方，该怎样组合能力。解决问题，这是模型最大的力量，但是，这个力量的确需要在不断的使用过程中被人们逐渐认识、逐渐喜爱。马汉在书中强调，力量的使用原则不外乎一点——"适度集中"，"处置位置"的目的也在于此。通过位置的选择，形成局部优势，这是最有把握取胜的方法，对于马汉而言，这甚至是舰船设计的指导原则。从模型工作来看，将业务架构视作我们的最强力量，并将这一力量向需求前端延伸，从需求形成开始把控方向，使我们的力量作用在最柔软的点上，从而发挥更大的效力，也能使后端设计从源头上被我们导向理想的方向，这将使我们最终具有发挥位置优势所必需的力量。

资源是战略价值持久性的决定因素。"资源的丰富与贫乏的利与弊，尽人皆知"，马汉考察的是海权论，偏重于海洋的贸易价值。一个具有丰富资源的位置，将会具有更大的贸易潜力，会吸引更多的航线，位置的重要性会不断增强。同时，资源也是战争的必需品。海军场站、前进基地的选择都会考虑据点周围的资源情况，这里所说的资源既包括自然资源，也包括外交等社会资源。考虑到模型工作的特殊性，即它是一种较为纯粹的智力活动，因而，人力是首要的资源因素。根据我们对模型预期达到的高度以及对力量的期望，巩固团队核心，决定总体配系，是模型持久发挥影响力的基础。如果我们拥有充足的模型专家可以协助业务、IT处理各类棘手问题，那么整个团队的价值就会不断得到提升。但是人力培养是一个漫长的过程，考虑到未来的长效机制，特别是后来才加入团队的人员，他们比起初期建模人员，将会更加缺少宝贵的实践机会，对于他们来说，"无论原理如何正确，都不过是根据客观的权威所做出的论述而已，而他们内在的信念和鉴别对于这些论述的正确性尚未予以证实，而只有内在的信念和鉴别才能在需要的时刻产生力量"，要想解决这个问题就要涉及了我们的第二项重要资源——模型资产。业务模型由于其处在"中央位置"，从应用的角度，反映了业务结构；从组件的角度，反映了能力结构。只有在这两个方向上保证准确性，我们才能不断获得前进的"阵地"。拿破仑说："在战场上，最为巧妙的灵感往往不外乎回忆而已。"模型资产就是团队共同的"回忆"。

马汉在讨论关于战争原理的学习时，引述了查理大公的一句话："巨大的成果只有经过巨大的努力方能获得"。笔者觉得，这也是我们今天建模工作的写照吧。

| 附录B |

积木式创新

创新是指利用现有的知识和物质，在特定的环境中，改进或创造新的事物，并因此获得一定有益效果的行为。创新的价值在于以新的生产方式重新配置生产要素形成新的生产力，创造新形式的劳动成果或者更大规模的生产。这种积木式创新的特点，在金融领域中的表现非常明显。

金融产品包装了钱的收付过程，也就是现金流，包括流入和流出两个方向。每个金融产品都包含具体的现金流形态（债券式、年金式、零息式），金融产品就是以即期现金流交换远期现金流承诺，或者以远期现金流承诺交换更远期现金流承诺，最后一步则是通过对现金流价值的判断确定产品的价格。由此，复杂的金融产品都可以被分解为基本的产品形态，各种基本产品形态再通过不断叠加、组合乃至变换交易对象（如能源、气象、风险等）来产生新的金融产品。现代金融产品的发展历程就像是一个梦幻般的堆积木游戏，其在不断的、有迹可循的变化中繁衍壮大。

下面就以本书中所列举的案例来说明。

1）利率互换，实质上是由两笔基础的债券式现金流组合变换而来的。交易双方将各自的债券式现金流分解为利息与本金两部分，并就利息部分的现金流互相交换，而实务中更是简化为仅交换二者之间的差额；货币利率互换则是将利息与本金二者都进行交换。

2）固定利率与浮动利率的转换，实质上是将一笔固定利率债券拆分成两笔相向变动的浮动利率债券，进而将固定利率替换成浮动利率。基于"固定利率＝浮动利率＋反向浮动利率"这一基本算式，金融机构打开了金融创新和风险管理工作中连锁反应的大门。

3）资产互换，复杂的资产互换，其实依旧是基本金融工具的组合。"债券发行互换＝债券发行＋货币利率互换"，客户可以将一笔国内本币发行的债券，通过银行提供的货币利率互换服务，转换成一笔外币融资，两个产品的叠加就创造出了一种新的交易方式。

4）选择权交易（即常说的期权），其组合形式为"选择权＝远期交易＋未来价格保险"。

5）以信用为交易对象的信用衍生性商品，其本质为"贷款＋信用保险"，而信用连结债券，则是"债券＋信用衍生性商品"。在具体的操作过程中，其可以演化成将某一具体时段的信用风险转出；这样做既可以对单笔信用资产进行风险转出，也可以对多笔信用资产进行转出以规避系统性风险，这都源自于产品的不断组合。

6）资产证券化，其本质是将流动性低的授信业务转化成流动性高的债券，其实务更是将授信业务的现金流分解后逐批次进行包装、分拆，还可以将同一批次的债券进一步细分成不同种类的债券以使其更加有利于出售。

综上所述，本书中所描述的金融工厂，其实是对金融需求详细分析之后的金融产品的选择。这种选择造就了创新，而这种工厂式创新，其基础是高效的产品管理，也就是如何为积木式创新提供零件，并能够充分积累知识。本书中所列举的案例，从工具、对象、价格 3 个角度，描述了金融创新的过程，即如何使用金融工具、如何处理交易标的并合理确定交易价格，这一过程其实也是我们制定金融解决方案、确定合约、配置产品的过程。如果我们的模型能够良好地反映工具、对象这两个层次，并与定价模型、合约管理进行有效衔接，那么我们一定能够实现对金融创新的有力支持。

诚然，本书更多的是在描述基于金融市场的金融工厂，对于资金监管、托管等领域可能并不适合。因为不同领域的需求是不同的，进而其关注的创新点也会有所不同。

聚合架构

作者：付晓岩

内容简介

本书为《企业级业务架构设计：方法论与实践》的进阶版。旨在为数字化时代的企业架构提供与时俱进的方法论指引，或将成为软件架构领域的里程碑作品。

企业的内部需求和外部环境一直在变，软件研发、交付和使用的方式也一直在变，相应地，企业架构的方法论也一直在演进。数字化时代如火如荼，传统的企业架构方法需要引入新的思维模式，才能满足企业发展需求。

作者结合自己在架构领域多年的实践经验和思考总结，针对数字化转型大背景下企业的架构需求，对TOGAF等传统企业架构方法论的不足进行了改进与创新，提出了一套面向数字化企业的企业架构方法论——聚合架构（ABAE），是管理数字化企业的新思维，在企业架构方法的发展史上或有划时代的意义。

聚合架构的定义：数字化时代，构件将成为企业的基本组成部分，通过设计构件关系形成企业架构，基于微观构件的灵活聚合形成弹性的业务组织、业务领域、业务组件、应用组件、物理组件等宏观要素，支持企业从业务到技术的动态调整，使企业具有更强的主动变化能力。

本书全面且系统地讲解了聚合架构方法论的演进背景、基础理论、设计指南、工程管理和生态化构建。既包含方法论，又有对构建方法论的建议；既可以指导企业的架构实践，又可以为企业在数字化过程中构建自身的方法论提供可参照的样本。

技术自主可控需要架构自主可控，架构自主可控是企业核心能力自主可控的标志，企业架构方法论也需要实现"道路自信、理论自信"。希望这本书能激起更大的方法论研究热潮，推动国内数十年的信息化实践经验逐步转变成为完善的实施理论，为数字中国建设出一份力。